AF397251

Pedro Gómez García

La negación de la familia

Las estructuras del parentesco y sus simulacros

2023

Impresion y editorial : BoD - Books on Demand
info@bod.com.es - www.bod.com.es
Impreso en Alemania - Printed in Germany

ISBN: 9788411238199

Se puede incluso soñar con
una tabla periódica de las estructuras del parentesco,
comparable a la tabla de elementos químicos de Mendeléyev.
MERLEAU-PONTY

La prohibición del incesto funda de esta manera
la sociedad humana y es, en un sentido, la sociedad.
CLAUDE LÉVI-STRAUSS

Definamos el matrimonio como la conducta,
sentimientos y reglas que se refieren al emparejamiento
entre compañeros corresidentes heterosexuales
y a la reproducción en contextos domésticos
MARVIN HARRIS

Si la sexualidad humana no es simplemente natural,
tampoco es totalmente cultural, desvinculada
de las leyes de la reproducción.
MICHEL SCHNEIDER

La moral «pública» como distinta de la privada.
Un *ethos* que nada tiene que ver con la naturaleza de las cosas,
sino con la arbitrariedad estatal.
DALMACIO NEGRO

La familia es el elemento natural y fundamental de la sociedad
y tiene derecho a la protección de la sociedad y del Estado.
DECLARACIÓN UNIVERSAL DE LOS DERECHOS HUMANOS

CONTENIDO

Obertura 9

Capítulo 1. El auge del pansexualismo 17
Capítulo 2. Las estructuras del parentesco 55
Capítulo 3. La articulación biocultural 81
Capítulo 4. La familia y sus simulacros 113

Bibliografía 137

Índice analítico 143
Índice general 149

OBERTURA

Quizá sea prudente, desde el principio, explicitar una advertencia. Pues, en estos tiempos tan proclives a la susceptibilidad y la censura, hasta el mismo diablo se ha vuelto picajoso. Con el fin de evitar malentendidos, quiero dejar claro que nada de lo escrito en estas páginas debe interpretarse como un juicio acerca de las personas. Si alguien lo entendiera así, estaría fuera de onda. Aquí el debate se refiere exclusivamente a ideas, teorías sociales, hechos históricos y fenómenos socioculturales. Como autor, me acojo en todo momento a los principios de libertad de investigación y expresión, invoco el deber filosófico de análisis, problematización y discernimiento, y reivindico el derecho a disentir de las opiniones dominantes. Por otro lado, hay que tener en cuenta que las situaciones personales nunca se reducen adecuadamente a casos particulares de una ley general. Porque las razones subjetivas y los motivos íntimos de la persona se sitúan en otro plano, en una escala que no es la del sistema de ideas, y requerirían un enfoque muy diferente. Aun cuando haya interacciones, lo personal depende siempre de imponderables, de opciones legítimas, con grados de libertad variables. Además, en teoría, no es posible demostrar una causación lineal con respecto a las ideologías o a los hechos que acontecen objetivamente en el plano de la colectividad. Son estos hechos y esas ideologías los que tomamos en consideración, sin que haya que suponer ningún juicio acerca de las intenciones individuales. Valgan estas breves líneas preliminares como proemio galeato.

Al considerar nuestras sociedades humanas, no debemos verlas como un aglomerado irracional de sucesivos naufragios de la historia, sino, por el contrario, como variantes estructurales que juegan con las posibilidades de la naturaleza y la combinatoria del espíritu humano. Instituciones aparentemente muy dispares pueden estar relacionadas y entenderse como transformaciones de una estructura más fundamental. Por consiguiente, las sociedades que contemplamos en la historia de la humanidad constituyen un repertorio de modos diferentes de organizar los medios al alcance, para responder a unas preguntas básicas que en el fondo son las mismas. Ahí radica la humanidad, en esas estructuras que ofrecen toda una gama de respuestas posibles dentro de los límites que impone la coherencia propia de cada sistema particular.

He abordado la elaboración de los capítulos que componen este libro desde un enfoque en parte estructuralista, pero sobre todo intencionalmente científico y críticamente filosófico. A modo de metáfora, serían como los cuatro movimientos de una sinfonía, no de sonidos, sino de ideas, donde se van desplegando, y a veces reiterando, temas antroposociales, históricos, políticos, éticos, que giran en torno al eje común del parentesco, la familia, el matrimonio y su destino. Continuando con el símil, el libro vendría a hacer las veces de partitura.

El capítulo primero, «El auge del pansexualismo», afronta la descripción del problema que hoy supone la erosión de las estructuras de la familia por efecto de ideologías centradas en una preocupación unidimensional por la sexualidad. Comienza, de manera sucinta, constatando el hecho biológico de que el dimorfismo sexual está determinado genéticamente en nuestra especie humana, como en tantas otras de vertebrados, mamíferos y primates. Sobre este fundamento, aunque por sí solo no baste, se levanta el sistema de parentesco, que se instituye mediante una articulación de componentes biológicos y culturales, y que ha de comprenderse más a fondo. Para plantear bien la problemática actual, se aclaran algunos conceptos elementales como el de sexo, género y orientación erótica. A continuación, se sigue la pista a la evolución de los últimos decenios, que ha llevado desde el primer feminismo hasta el giro pansexualista reciente. Se analiza, con todo rigor, cómo el movimiento feminista abandera la lucha de sexos, cómo el movimiento gay consigue el matrimonio homosexual, y cómo la internacional LGBT evoluciona hacia el pansexualismo. Desde el mismo punto de vista crítico, se suscribe la tesis de que el pansexualismo conduce a la negación de la familia y el parentesco, y luego se agrega una visión de fondo, que interpreta que esa revolución sexual, al margen de las intenciones subjetivas, impulsa los pasos hacia una sociedad de signo totalitario.

El capítulo segundo, «Las estructuras del parentesco», evita toda idea superficial sobre el tema y aborda la teoría antropológica acerca de los sistemas de parentesco: su función social y sus modos de organización. Se trata de profundizar en la clase de estructura que constituye, no en sentido figurado, sino en sentido estricto, un matrimonio y una familia, con sus muy variadas formas. Para ello, se estudia la universal prohibición del incesto como condición para la exogamia y clave del sistema, y se discuten diferentes interpretaciones. También, se examinan los diversos tipos de intercambio conyugal y alianza, que pone en acción un principio de reciprocidad, ya sea el restringido o el generalizado, con sus respectivas reglas. De ahí resultan las distintas estructuras elementales: el matrimonio bilateral, el patrilateral, el matrilateral. Luego, se investiga la transición hacia estructuras complejas que se produce en las sociedades de amplia demografía. En fin, se debate sobre el átomo de parentesco, siempre un conjunto de relaciones complejo, sin el que no sería posible la existencia del sistema.

El capítulo tercero, «La articulación bio-cultural», vuelve sobre la naturaleza emergente del sistema de parentesco, al objeto de profundizar en lo ya señalado al principio del capítulo primero. La teorización sobre los sistemas adaptativos complejos proporciona el mejor enfoque para entender la realidad del parentesco. La organización familiar aparece como una red de relaciones sistémicas que dan cauce y sentido a los acontecimientos de la vida social y su reproducción. Tales relaciones se ensamblan en la interfaz de interacción entre el plano biogenético y el sociocultural, que hace emerger el sistema de parentesco. El comportamiento biológico es regulado culturalmente, al tiempo que la existencia de norma cultural viene exigida por la genética de *homo sapiens*, aunque no en su concreción. Los individuos humanos nacen normalmente dentro de la red del parentesco, en una familia, donde heredan y transmiten genes y rasgos culturales, conforme a un conjunto de prohibiciones y prescripciones, que crean la sociedad en la que se inserta su biografía. Este capítulo explora, además, un paradigma que compendia los parámetros universales del sistema de parentesco, con sus constantes y sus formas variables.

El capítulo cuarto y último, «La familia y sus simulacros», intenta delimitar las fronteras del sistema de parentesco, con objeto de evidenciar lo que queda fuera de él, y no caer en la confusión habitual. Como primer paso, se demuestra que, pese a las apariencias, no existe el parentesco propiamente dicho en la naturaleza. Por ejemplo, sería erróneo verlo en los primates, extrapolando una perspectiva antropomórfica. El parentesco humano aporta un cauce de estructuración de las relaciones sociales por el que transitamos los individuos, de manera que, para cada generación, el parentesco vivido se forma, se transforma y se disuelve, aunque marca la vida de cada uno. Ahora bien, no cualquier clase de vinculación de pareja cabe en el marco de la parentela, ni pertenece al sistema de parentesco, ni forma una familia, ni constituye un matrimonio, por mucho que lo remeden. La simulación de parentesco al exterior del sistema puede tener una base interpersonal real, pero, si no cabe antropológicamente en la categoría de matrimonio, tiene poco sentido obstinarse en el simulacro. Aparte ese aspecto, la evolución de la familia se ha acelerado como respuesta adaptativa a los cambios sociales del último medio siglo. Así lo comprobamos en el caso de la transformación de la familia en España. Si miramos el papel del parentesco en la historia de la humanidad, el proceso de demolición y eventual desaparición de la familia podría arrascar resultados catastróficos de alcance antropológico.

El propósito del libro es llamar la atención sobre esta problemática de la familia, que ha adquirido inusitada relevancia en nuestros días, dada la trascendencia de los hechos acaecidos, la proyección de graves interrogantes y la incertidumbre inédita que se cierne sobre el futuro del parentesco en nuestras sociedades.

De hecho, en los últimos decenios, las relaciones sociales han experimentado mutaciones impresionantes en lo que respecta a las costumbres sexuales, al matrimonio, la familia y el parentesco. Sus consecuencias no son privadas, sino que reflejan profundas interacciones entre el comportamiento individual y las estructuras globales de la sociedad.

Entra dentro de lo normal que la actuación de los individuos sea inestable y poco previsible, pero la estabilidad de las estructuras, en nuestro caso las estructuras de la familia, siempre ha proporcionado a la organización social una sólida base para su persistencia y reproducción. En nuestros días, sin embargo, la extraordinaria agitación de los elementos implicados está repercutiendo destructivamente en la solidez estructural de la sociedad.

Observamos una conjunción de acontecimientos característicos e insólitos, entre los que cabe destacar la lucha feminista, la proliferación LGBT y el auge de las corrientes pansexualista y transgenerista. No sabemos si se trata de fenómenos de evolución, hasta cierto punto normales y asumibles, o, por el contrario, de pasos ciegos hacia la desintegración de los fundamentos de la vida social.

Por lo pronto, aparecen algunas consecuencias a corto plazo, que hay que considerar socialmente negativas, como el desplome demográfico, la desestructuración de las familias, el envejecimiento de la población, la trivialización de las relaciones sexuales, la crisis de los modelos de identificación femeninos y masculinos, la importación de migrantes portadores de principios religiosos y jurídicos no integrables.

Más aún, a largo plazo, surgen incógnitas que oscurecen el horizonte. Porque, tras la negación del valor de la familia, no está claro qué la sustituirá en las funciones de procreación, afecto, crianza, apoyo desinteresado y pertenencia. Las generaciones jóvenes, sobre todo, más vulnerables, sufrirán los efectos negativos. Nadie sabe si los cambios podrán conducir al desplome de la sociedad occidental, o tal vez a ocasionar su reemplazo por una nueva forma de barbarie.

A medida que el Estado confisque burocráticamente el cometido que era responsabilidad autónoma de las familias, hasta apropiárselo del todo, nada excluye que el riesgo no se limite a la fabricación en serie de individuos deshumanizados, sino que posiblemente arrastre consigo la completa desaparición de la sociedad civil. Para entonces, se habría consumado la instauración progresiva, sobre gentes inermes, alienadas y manipulables, de un régimen sociopolítico cuyo carácter totalitario no cabría negar.

En sociedades complejas como la nuestra, construidas sobre los principios de libertad y legalidad, está justificado cuestionar los movimientos sociales y la actuación del Estado, sobre todo si se otorgan derechos sobre una base arbitraria. Así ocurre, por ejemplo, al legalizar modelos inventados de matrimonio y familia que son antropológicamente anómalos y jurídicamente confusos. Y lo son por el hecho de que su estructura cae fuera del sistema de parentesco, en la medida en que entran en contradicción con los parámetros básicos que el parentesco requiere transculturalmente. Para afirmar que se trata de una arbitrariedad y argumentar con fundamento en orden a su impugnación, es imprescindible investigar a fondo el tema, o lo que es lo mismo, tomar como punto de partida un análisis antropológico suficientemente solvente. Por este motivo he recurrido, con especial atención, a los estudios de Claude Lévi-Strauss sobre las estructuras del parentesco, un clásico que mantiene su vigencia.

La lectura del libro no requiere preparación especial. Pero será imprescindible realizar un esfuerzo intelectual, porque no se entenderá nada, si no se clarifican mínimamente enfoques y conceptos para el análisis de la vida social y familiar.

Cada sistema de los que integran una cultura constituye, respecto al orden natural, un orden nuevo emergente sobre aquél: un orden socialmente forjado sobre una base dada. Por su lado, lo cultural no se puede comprender adecuadamente como si fuera un *hecho natural*, instintivo, o biológico, ni se puede reducir a una interpretación naturalista o empirista, pues se encuentra más allá. El concepto de *hecho social* implica que la indeterminación de *la* naturaleza se completa con una regla extra-instintiva, con alguna clase de institución específicamente humana. Así, toda sociedad humana remodela las condiciones de su continuidad en el tiempo por medio de un entramado de reglas, entre las que se encuentran la prohibición del incesto, la exogamia, las pautas reguladoras del matrimonio y, más en general, todos los códigos de normas de orden social, moral, económico y estético.

La existencia de cualquier sistema o subsistema de orden cultural viene exigida por la *función* que desempeña dentro del conjunto de la vida social. Responde a determinadas necesidades o problemas. No obstante, es esencial señalar la distinción entre la función primaria, en respuesta a una necesidad efectiva de la organización social, y la función secundaria, que, establecida en un momento dado, persiste por imposición del poder o por la resistencia de la gente a cambiar de costumbres. De ahí que resulte absurdo pensar que todo sea, o deba ser, funcional en una sociedad. Un sistema concreto, una institución, unos usos actuales, pueden tener una funcionalidad mayor o menor, vital o residual, e incluso operar como algo contraproducente.

En su aspecto positivo, las instituciones son para el cuerpo social como el esqueleto que da consistencia, sistemas y aparatos especializados que aseguran la pervivencia. Todo sistema intracultural, toda *institución* funda su legitimidad en un principio de constancia y en una exigencia de filiación que la hacen incuestionable. Primero, en un *principio de constancia,* porque las instituciones prevalecen por encima de los individuos que pertenecen a ellas y son aceptados por ellas, en cuyo mantenimiento cifran su propio valer, hasta que otros vengan a reemplazarlos y proseguir su misión. En segundo lugar, una *exigencia de filiación,* porque cada uno de los miembros se benefician de pertenecer a una genealogía formada por todos aquellos que lo precedieron en el lugar que él tiene ahora la fortuna de ocupar.

El objetivo más práctico de instituciones como la familia estriba en encuadrar a la masa de individuos dentro de sistemas que configuran la vida social y que, cuanto más complejamente la organizan, tanto más la proveen de espacios, niveles y dimensiones con un relieve peculiar. La institucionalidad hace que una comunidad permanezca. Su forma óptima tiende a crear una armonía social sobre la base del consentimiento tácito, que determinados ritos suelen renovar periódicamente.

Una cultura, una sociedad, consiste en un complicado edificio de instituciones y representaciones, un edificio en construcción y reconstrucción permanentes. De modo que lo institucional modela y remodela estructuralmente órdenes lógicos, diferentes del orden empírico social, que confieren una forma a la corriente caótica de los acontecimientos. Sus reglas encauzan el curso del tiempo, la sucesión de las generaciones, que sin cesar se descomponen y recomponen. De cuando en cuando, surgen mutaciones de algunos elementos, que fortalecen, o debilitan, el conjunto, dando lugar a diferentes configuraciones sociales, políticas y morales, con nuevas interpretaciones, valoraciones y conductas. El análisis de los sistemas culturales en busca de sus reglas subyacentes no desvaloriza el acontecer histórico; trata de sacar a la luz y plasmar en un modelo teórico la trama o estructura de su organización interna explicativa, en un cierto espacio y tiempo de presumible estabilidad, teniendo en cuenta luego las variantes de otros espacios y otros tiempos, siempre con el convencimiento de que existen invariantes que nos hacen inteligible la realidad.

Este libro va dirigido, principalmente, a quienes todavía dudan, a quienes se preguntan por el significado profundo de lo que pasa y están dispuestos a considerar las razones aquí aducidas, porque ellos son quienes mejor podrán beneficiarse de la lectura.

CAPÍTULO 1

EL AUGE DEL PANSEXUALISMO

EL DIMORFISMO SEXUAL ESTÁ DETERMINADO GENÉTICAMENTE

Como en tantas otras, en la especie humana, biológicamente los sexos son dos: el masculino y el femenino, de antiguo simbolizados por Hermes y Afrodita. En muy raras ocasiones, el error genético da lugar a individuos hermafroditas. Dentro de estos determinantes de naturaleza biológica, se enmarca toda la diversidad de matices que concreta la singularidad de cada persona. Pero sin ignorarlos. No existen más sexos biológicos en la especie humana que los dados genéticamente, y esto no solo es una obviedad, sino que es una realidad refrendada por la ciencia biológica. Todas las demás diferenciaciones en el comportamiento sexual pertenecen al plano de los modelos sociales, que conjugan siempre lo biológico y lo cultural. Así, el comportamiento sexual se encauza a través de papeles socioculturales que se transmiten y los individuos asumen y desempeñan, en procesos sociológicos y psicológicos. Por mi parte, considero que cabe investigar esta realidad lo más objetivamente posible, y también evaluarla filosóficamente en un debate moral. De lo que se trata no es de un «discurso» opinable, como dirían algunos, sino de entender hechos antropológicos.

El dimorfismo sexual genéticamente determinado es básico para la sociedad humana. Es tenido en cuenta en cada tradición histórica, que lo encauza y perfecciona a través de reglas culturales, mediante las cuales queda instituido, en rigor, el sistema de parentesco. En los tres capítulos siguientes, expondré a fondo un análisis del sistema de parentesco, teniendo en cuenta las teorías antropológicas más acreditadas. Por el momento, adelantaré algunos conceptos básicos. El parentesco es una realidad indisociablemente biocultural, que asigna a los individuos los lugares que ocupan en la estructura, las normas de intercambio, los modos de relación permitidos y prohibidos, las funciones y obligaciones para cada figura de parentesco, con su correspondiente nomenclatura, que el individuo va asumiendo a lo largo de su vida. En este sentido, la familia, la evitación del incesto y las leyes de exogamia fundan la sociedad humana.

EL FUNDAMENTO BIO-CULTURAL DEL SISTEMA DE PARENTESCO

Antes de la aparición de un principio de organización específicamente político, que fue introducido por las sociedades estatales, la organización de la sociedad se edificaba sobre el fundamento de las estructuras de parentesco. Con la aparición del Estado, estas estructuras no desaparecieron, sino que permanecieron, aunque ya sin totalizar el orden social. Conservaron su propio nivel de autonomía y desarrollaron formas más abiertas de intercambio generalizado. Desde entonces, podríamos decir que el parentesco ha constituido un modo de conformación de la sociedad civil.

La realidad descrita por la antropología cultural es perfectamente diáfana:

«Toda sociedad humana, en efecto, modifica las condiciones de su perpetuación física mediante un conjunto complejo de reglas tales como la prohibición del incesto, la endogamia, la exogamia, el matrimonio preferencial entre ciertos tipos de parientes, la poligamia o la monogamia, o simplemente por medio de la aplicación más o menos sistemática de normas morales, sociales, económicas y estéticas» (Lévi-Strauss 1958: 317).

En todas partes, la «función fundamental de un sistema de parentesco es definir categorías que permitan determinar cierto tipo de regulaciones matrimoniales» (Lévi-Strauss 1966: 55), y así sanciona un tipo de comunicación entre individuos y grupos crucial para su subsistencia.

El sistema de parentesco constituye, a su modo, un hecho social total, dotado de connotaciones múltiples, psicológicas, sociales y económicas. Más exactamente, engloba dos órdenes superpuestos: un sistema de denominaciones o nomenclatura (padre, madre, hijo, abuelo, tío, sobrino, primo, etc.) y otro sistema de actitudes o comportamientos (respeto o familiaridad, afecto u hostilidad, derecho o deber). Estos dos sistemas no se correlacionan linealmente uno con otro, pero existe una interrelación determinada en cada sociedad.

No cabe pensar que el parentesco sea algo secundario en ninguna sociedad: «Si la interpretación que propusimos es exacta, las reglas del parentesco y el matrimonio no se hacen necesarias por el estado de sociedad. Son el estado de sociedad mismo» (Lévi-Strauss 1949: 568). En este sentido, el análisis antropológico desvela la clave: «La prohibición del incesto funda de esta manera la sociedad humana y es, en un sentido, la sociedad» (Lévi-Strauss 1973: 29). Hace imperativa la exogamia.

Por eso, comprendemos que «el incesto es socialmente absurdo antes de ser moralmente culpable» (Lévi-Strauss 1949: 562). De manera análoga, podríamos diagnosticar, contra la frivolidad imperante, que las estructuras que atentan contra el parentesco son socialmente destructivas, aparte de ser éticamente reprobables.

Al surgir, la cultura «no está simplemente yuxtapuesta ni simplemente superpuesta a la vida. En un sentido, la sustituye; en otro, la utiliza y la transforma para realizar una síntesis de un nuevo orden» (Lévi-Strauss 1949: 36). Pero jamás puede emanciparse de la naturaleza biológica.

Con la prohibición del incesto, se establece la condición que posibilita el advenimiento de un nuevo orden: «una estructura nueva y más compleja se forma y se superpone —integrándolas— a las estructuras más simples de la vida psíquica, así como estas últimas se superponen —integrándolas— a las estructuras de la vida animal» (Lévi-Strauss 1949: 59). Este hecho tiene alcance antropológico universal; se verifica en toda sociedad por arcaica o por moderna que sea.

La realidad humana es a la vez de naturaleza biológica y cultural, y no cabe buscarle una explicación última en una sola de las dimensiones de esta dualidad. El análisis no puede aceptar una división dicotómica entre «naturaleza» y «cultura» que autonomice a esta y trate de justificar discursos capaces de otorgar al parentesco cualquier significado y dirigidos a modificarlo arbitrariamente. En el plano del discurso se puede decir cualquier cosa y su contraria acerca del sexo o el género. Pero la diferencia de sexos no se resuelve en el discurso, como creación literaria de algún poder dominante, o como ideología de quien busca liberarse. Hay realidades efectivas de los sexos en el campo sociocultural, determinadas por exigencias prácticas de la organización social concreta, sin excluir la influencia, para bien o para mal, ejercida por la configuración intelectual y moral de los agentes. Incluso las puras especulaciones, que pueden ser en sí mismas inconsistentes y hasta delirantes, pueden producir, no obstante, consecuencias reales.

El propósito de estas páginas es llevar a cabo una exploración en torno a ciertas problemáticas que afectan a las relaciones sociales que tienen que ver con el comportamiento sexual y con su repercusión en las estructuras de parentesco.

Para no sucumbir a la confusión reinante, conviene hacer, para entendernos, unas aclaraciones preliminares acerca de distintos componentes de orden biológico y cultural que forman parte del sistema de parentesco, aunque no sean los únicos, ni toda su variedad sea integrable en este sistema:

— El *sexo biológico* o genital es taxativamente binario, macho y hembra, aunque en casos muy excepcionales pueda darse hermafroditismo o intersexualidad en el cuerpo de algunos individuos. A veces se observa androginia, como ambigüedad en los rasgos somáticos aparentes.

— El *género*, o identidad de género, se define por la adopción como propios de unos rasgos y comportamientos asignados al sexo biológico según el código sociocultural vigente, que configura el género masculino y el género femenino, la masculinidad y la feminidad. A veces, puede ocurrir que un individuo adopte su identificación de género con independencia del sexo biológico: así, el transexual o el trangénero adopta el género opuesto a su sexo de nacimiento.

— La *orientación erótica* se refiere a la propensión pulsional y afectiva, como objeto de deseo, hacia personas de un sexo o género determinado. Este objeto no coincide siempre con el diferente al sexo biológico o el género que uno mismo asume. La atracción sexual o erótica se suele clasificar como orientación heterosexual, homosexual, bisexual.

Ahora, prestemos atención a fenómenos en auge que acontecen fuera de los confines del parentesco. No es complicado adivinar que nos estamos refiriendo al movimiento feminista hoy escindido entre clásico y radical; al movimiento gay, ampliado luego y conocido por las siglas LGBT (léase *lesbi-gai-bi-trans-sexual*), autoproclamado defensor de la «diversidad» sexual; y, más recientemente, a las corrientes pansexualistas en varias ramas. De hecho, contemplamos una declarada guerra civil entre el feminismo clásico y sus epígonos radicales, encuadrados en colectivos que militan por lo que bien podría considerarse un pansexualismo disoluto o un transgenerismo disolvente.

En nuestras sociedades permisivas, los modelos promovidos por esas tendencias convergen en un desafío multiforme a las estructuras del sistema de parentesco, por cuanto coinciden en anteponer el sexo como eje de la vida personal. Al mismo tiempo, suscitan la polémica en torno a las identidades de «género», que manifiesta una polarización contrapuesta. Según un concepto, la identificación del propio género sería opcional y sin tener en cuenta la biología (es decir, al margen de los genitales y los cromosomas). Según el otro, se rechaza toda concreción del género, con una negativa tajante a asumir una identidad sexual determinada, de tal modo que los «géneros» pierden toda significación. No obstante, en ambas líneas, encontramos que el individuo y sus relaciones se sustraen a las normas más asentadas de la cultura, aparte de obviar la naturaleza humana dada biológicamente.

EL MOVIMIENTO FEMINISTA ABANDERA LA LUCHA DE SEXOS

Podemos partir de lo que dice la Wikipedia en la entrada «feminismo», donde hay también bibliografía, aunque la fiabilidad de esta fuente enciclopédica haya que ponerla siempre en cuarentena:

«El feminismo es un movimiento político y social, una teoría política y una perspectiva filosófica que, según la RAE, postula el «principio de igualdad de derechos de la mujer y el hombre». De acuerdo con ONU Mujeres, el feminismo en principio lucha por la equidad de género y por el reconocimiento de las mujeres como personas físicas y sujetos de derecho. Asimismo, sostiene que ningún ser humano debe ser privado de bien o derecho alguno a causa de su sexo y busca conseguir que las mujeres tengan iguales libertades que los hombres, además de eliminar la violencia contra la mujer que en su mayoría es ejercida por estos mismos. Surgió alrededor del siglo XVIII…»

Con esta cita tenemos una idea básica. Todos estaremos de acuerdo con la igualdad en el reconocimiento de derechos y libertades para la mujer, como para todo ser humano. Pero el feminismo realmente existente representa un movimiento probablemente no tan antiguo, ni tan utópicamente liberador e igualitario como proclama la hagiografía al uso. De hecho, encontramos una pléyade de feminismos a menudo en discordia: feminismo liberal, feminismo socialista, feminismo anarquista, feminismo marxista, feminismo radical, feminismo negro, feminismo interseccional. Se habla de una primera, segunda, tercera y cuarta olas en la historia del feminismo. Y si buscamos una clasificación general, en la misma Wikipedia se cataloga una treintena de variantes, cada una con su entrada correspondiente.

Buena parte de las doctrinas feministas emplean términos clave acuñados por los «estudios de género», tales como patriarcado, heteropatriarcado, androcentrismo, perspectiva de género, empoderamiento de las mujeres, violencia machista, etc. Ahora bien, estos términos y las doctrinas donde se inscriben sustentan conceptos más ideológicos que objetivos, como han denunciado incluso sectores del propio feminismo. Lo que ahí se revelan son, sobre todo, los paradigmas metafísicos o criptorreligiosos de las respectivas corrientes, en ausencia de verdadera sociología y de antropología social comparada.

El rasgo feminista más común radica en la promoción del enfrentamiento entre sexos/géneros, interpretado como lucha de las féminas contra los varones, contra el «patriarcado». Esta lucha es, en su esquema, un trasunto de la «lucha de clases», con la que coincide en una propensión un tanto maniquea de los grupos militantes y en incitar a conductas generalmente agresivas en los niveles populares.

El feminismo denominado clásico ha sido sobrepasado por otro que, desde principios de este siglo XXI, discurre por derroteros cada vez más radicales, con unas doctrinas críticas no ya del «patriarcado», sino de los varones como conjunto. El «empoderamiento» de las mujeres se orientó a la reivindicación de la «perspectiva de género» (entiéndase femenino), al parecer como interpretación de la realidad que antepone los propios intereses de grupo al juicio ajustado a la realidad. Luego, se insistió en la «violencia de género» (del masculino sobre el femenino), porque sobreentienden que la violencia la ejerce por definición el varón y que la hembra es siempre la víctima. A partir de estas ideas, convertidas en dogmas, no es de extrañar que se llegue a toda clase de disparates. Así, hemos podido ver por las calles carteles murales de una marcha feminista, en los que se leía «Muerte al terrorismo machista», no referido a ningún caso particular, sino como una acusación que incrimina a todos los hombres por el hecho de serlo.

En estos asuntos con implicaciones tan controvertidas, es de suma importancia buscar la mayor objetividad posible por encima de todo. En este sentido, la llamada «perspectiva de género» (lo mismo que la perspectiva de clase, de raza, etc.) supone una negación frontal de la objetividad. Pues sacrifica la objetividad a unos intereses de grupo y, consecuentemente, desprecia la verdad, al distorsionar la visión de la realidad en función de una ideología doctrinaria. Esto comporta cierta forma de bandolerismo intelectual y una falta de ética, con lo que la «perspectiva de género» pierde toda el aura que se le suele dar.

Sin el menor ánimo de ofender a nadie, una observación atenta nos muestra que la expansión social del feminismo como ideología de género potenció, en la práctica, el desarrollo del movimiento gay, por su incidencia fáctica en una mayor problematicidad en las relaciones entre los sexos, que a su vez ha repercutido en el incremento social de la homosexualidad. Al fomentar tanto la rivalidad de los géneros, el discurso feminista dificulta en buena medida el acercamiento y el entendimiento entre hombres y mujeres, lo cual, con toda probabilidad y sin ser la única causa, contribuye al auge de la «opción homosexual» como vía alternativa de realización erótica. Igualmente afecta negativamente a la estabilidad del matrimonio y la familia tradicional.

EL MOVIMIENTO GAY OBTIENE EL MATRIMONIO HOMOSEXUAL

En estos tiempos desnortados que algunos llaman posmodernos, a falta de nombre propio, hemos conocido no solo la eclosión, sino la expansión y hasta el orgulloso proselitismo del movimiento gay o LGBT, o como diría un clásico, la apoteosis del uranismo y el tribadismo.

Consultemos de nuevo la Wikipedia como punto de partida un tanto ecléctico, en la entrada «movimiento LGBT»:

«El movimiento LGBT o movimiento LGTB es el movimiento social que lucha contra la discriminación y en favor de la normalización y reconocimiento de derechos de las personas lesbianas, gais, bisexuales, transgénero y transexuales.»

Reiteremos el respeto a todas las personas en cuanto tales, sean de la orientación que sean, lo que no obsta para proseguir el análisis del tema sin ser anatematizado por «homofobia». Al explorar el asunto, una de las primeras cosas que salta a la vista es el contencioso lingüístico. En estos aciagos días en que está prohibido llamar a las cosas por su nombre, nos sentimos transportados a un ámbito de eufemismos, censuras, mentiras y falsos tecnicismos, donde metafóricamente parecería que reina Satanás disfrazado de ángel de luz. Quienes discrepan han de tener cuidado, porque pueden desencadenarse nuevas guerras de religión, ahora en forma de duros enfrentamientos entre creencias sobre el sexo, codificadas en discursos altamente dogmáticos e intolerantes.

No se trata de lo que alguien sea personalmente, sino de la significación social, política e ideológica del movimiento designado con el acrónimo LGBT. Sin duda, constituye una realidad más amplia y compleja que lo que desfila en las carrozas del orgullo.

Los siglos de uso de la lengua española y los diccionarios ya proporcionan un rico repertorio de palabras, en ocasiones quizá más precisas que la jerga dudosamente científica que manejan los discursos gais posmodernistas. Por más que se las declare palabras malsonantes, despectivas u ofensivas, sin criterio coherente, no se las puede privar del valor semántico denotativo o connotativo. Por eso, no debe tacharse de blasfemia el recordar algunas, antes de que el puritanismo *progre* las borre del diccionario, las prohíba o hasta multe en penitencia por su uso pecaminoso. Solo unos vocablos de ejemplo, en orden alfabético, para ellos: acaponado, afeminado, ahembrado, amadamado, amanerado, amaricado, amariconado, amujerado, barbilindo, bujarrón, cacorro, fileno, invertido, marica, maricón, mariposa, mariposón, mariquita, ninfo, sarasa, sodomita. Y para ellas, con más parquedad: bollera, lesbia, lesbiana, lésbica, macha, machorra, marimacho, maritornes, sáfica, torta, tortillera, tribada, virago, viriloide.

Por otro lado, ha habido interés por buscar una explicación al fenómeno de la orientación homosexual. Las teorías basculan entre dos extremos inconciliables: las que remiten al determinismo genético y las que defienden que se trata de una opción personal. Habría que decir que la preprogramación o la predisposición de los genes para los comportamientos complejos es una cuestión muy controvertida, que no tiene aún una respuesta científica definitiva. Algún sociobiólogo afirma que «la mayor probabilidad de que una persona se desarrolle para devenir homosexual está prescrita por genes» (Wilson 2012: 295). Pero reputados genetistas sostienen que la funcionalidad de los genes termina en la producción de las proteínas correspondientes, muy lejos de cualquier comportamiento. Así que, quizá, lo más probable sea que el comportamiento no esté en los genes, sino en los memes: depende del sistema de esquemas culturales que operan en los cerebros de las personas, así como de los esquemas que las personas elaboran a partir de su experiencia, en respuesta a los desafíos del medio y las urgencias de la vida.

Pero bajemos al terreno de la historia para continuar con el tema. Es palmariamente evidente que el hecho de la homosexualidad ha estado presente en todas las sociedades humanas, en toda época y lugar. Solo difiere el tratamiento que se le ha dado. Algunos pueblos reprimieron punitivamente la homosexualidad, otros toleraron sin más problema a las personas de esa categoría, y otros les reservaron tareas especiales en beneficio del orden social. Ahora bien, no tenemos información de que en ninguna parte se haya constituido un fenómeno tan amplio, organizado y militante como el que representa el movimiento LGBT que conocemos en las naciones occidentales contemporáneas.

Como es sabido, fue en Estados Unidos donde se potenció el movimiento gay, donde dio lugar a abundante literatura y donde salió a las calles reivindicando sus derechos. Allí también inventaron y enarbolaron la bandera arcoíris, por cierto nada original. Pues, en realidad, cuando cierto artista de Kansas la propuso en 1978, ya existía como bandera de la municipalidad de Cuzco, en Perú, adoptada como enseña del Tahuantinsuyo o Imperio incaico. En Cuzco, uno puede ver cómo esta bandera con las franjas del arcoíris luce en la plaza de Armas y en edificios oficiales, junto a la bandera nacional peruana, sin que haya la menor referencia simbólica a LGBT.

La amplificación del fenómeno homosexual en la sociedades desarrolladas no significa solamente una mayor visibilidad, sino que se relaciona con una expansión cuantitativa cuyas causas cabe estudiar. En busca de explicación, el antropólogo Marvin Harris resume su teoría indicando que, en el fondo, responde a un cálculo de costes/beneficios, más o menos consciente, en el terreno de las ventajas sexuales y sociales. También cabe aducir una serie de factores y circunstancias concurrentes: la mayor facilidad que ofrece para la satisfacción del deseo sexual; la ventaja de invertir en uno mismo el tiempo y el dinero que se gastaría en los hijos; los beneficios económicos y políticos que reporta la pertenencia a la red gay; el prestigio de los modelos LGBT difundidos por los medios de información o propaganda, sobre todo en televisión y cine; y la relajación generalizada de las costumbres, junto con el abandono de la adhesión a la moral cristiana.

Una característica de los emparejamientos homosexuales, por su propia esencia, ha sido siempre el ser refractarios a la familia, pues constituyen una manera de esquivar el matrimonio y los hijos. No obstante, en tiempos recientes, un sector del movimiento gay giró en otra dirección. No solo han aspirado a que se le reconozcan derechos equiparables a los de la legislación familiar, sino que, además, han presionado insistentemente para que a la pareja formada por personas del mismo sexo se la considere jurídicamente como matrimonio.

Recordemos que la institución matrimonial, que ha admitido distintas configuraciones en las distintas culturas, sigue estando presente y gozando de un prestigio reconocido y legitimado ampliamente. Ya sabemos que es sobre la base del matrimonio como se constituye la familia y se establece la red del parentesco. Por tanto, desde un punto de vista riguroso, el término «familia» solo adquiere su sentido preciso cuando está inserta en el sistema de parentesco. Y el parentesco debe estar categorizado con precisión, tanto por la antropología como por la regulación jurídica. Para la antropología social, cualquier definición arbitraria del parentesco, la familia o el matrimonio supondría adscribirse a una teoría inconsistente, perfectamente invalidable. Para la filosofía del derecho, una amalgama de figuras jurídicas relativas al matrimonio y la familia resultará falta de racionalidad y causa de injusticia, por no establecer con la debida precisión la naturaleza de las relaciones que regulan.

De ahí que no haya razón para que cualquier unidad social de convivencia tenga por qué considerarse ni llamarse «familia». El campo efectivo de las interacciones sociales y sexuales o eróticas abarca mucho más que el parentesco. Es patente que cualquier clase de emparejamiento con una relación estable no es condición suficiente para constituirse como *matrimonio*.

Según la ciencia antropológica, las categorías clasificatorias del sistema de parentesco configuran una especie de tabla periódica de vínculos que conjugan la alianza, la consanguinidad, la afinidad, la adopción, etc., en la que cabe concluir que no encajan, en absoluto, las parejas homosexuales. En efecto, así se infiere si tenemos en cuenta que se conforman a un modelo de relación que, por su estructura, repugna con el modelo de la alianza matrimonial genuina por varias razones, entre ellas la incompatibilidad intrínseca, no solo empírica, con el tipo de interacción biológica que permite la procreación y demás funciones inherentes al parentesco. Es interesante la observación que hallamos en una obra del antropólogo y filósofo Jesús Mosterín sobre la naturaleza humana:

«Desde un punto de vista conceptual y científico, hay que distinguir claramente entre la reproducción (la producción de un organismo del mismo tipo que el reproductor), la sexualidad (el intercambio y recombinación de genes), el sexo (el ser macho o hembra), el erotismo (la obtención de placer, excitación y relajación mediante tocamientos y otras interacciones relacionadas con conductas que a veces conducen a la reproducción) y la crianza (el cuidado y alimentación de las crías)» (Mosterín 2006: 69).

Según esto, este autor concluye que «los homosexuales pueden practicar el erotismo y a veces pueden llevar a cabo la crianza, pero lo que no pueden hacer nunca entre ellos es ejercer la sexualidad o reproducirse». Un razonamiento perfectamente lógico.

La red internacional LGBT engloba, bajo su acrónimo, las identidades lesbianas, gais, bisexuales y transexuales, de modo que ampara las identidades sexuales o de género de carácter no heterosexual, no binario y no cisgénero. Si caemos en la cuenta, agrupa figuras en principio incompatibles entre sí, coincidentes solo por situarse fuera de la norma heterosexual, binaria (monogámica) y «cisgénero» (conformes con el sexo biológico de nacimiento), lo que también significa fuera del parentesco. En efecto, ahí no tiene ningún papel la consanguinidad, la afinidad o la alianza, ni las reglas de intercambio matrimonial (y es de temer que, en un futuro, tampoco se respete la exogamia, ni los límites de edad).

Es un craso error creer que, para fundar un matrimonio dentro del sistema de parentesco, basta con que se dé un vínculo interpersonal de erotismo y consentimiento entre dos personas, sin que importe el sexo. Las relaciones de parentesco solo se dan insertas en el sistema social que lo regula estableciendo sus condiciones biológicas y culturales. De ahí la insensatez de suponer que bastan las relaciones eróticas y sexuales de una pareja, de cualquier sexo, para formar un matrimonio y fundar una familia en sentido propio.

Las relaciones eróticas encuadradas bajo las siglas LGBT coinciden todas en ser estructuralmente no procreativas, relaciones estériles, por lo que no cuentan con fundamento para constituir matrimonio, ni familia. Pues estos se basan en el modelo estructural de alianza que, al menos en principio, es pertinente para la procreación.

La unión en pareja de dos personas del mismo sexo se articula conforme a un modelo de asociación completamente ajeno al parentesco, es decir, que no se atiene a los principios de organización que rigen el matrimonio propiamente tal y dan origen a los vínculos familiares. Por esta razón, resulta impropio, equívoco y engañoso designar ese tipo de uniones como «matrimonio», siendo el matrimonio el concepto central y clave en la textura del sistema de parentesco.

Puesto que una pareja heterosexual y una pareja homosexual constituyen dos perfiles biológica y socialmente diferentes, por eso mismo, requieren que se las identifique con conceptos antropológicos y jurídicos netamente distintos. Todos sabemos que la relaciones sexuales forman parte del matrimonio, pero igualmente se dan por separado y no bastan para justificar una alianza matrimonial. El matrimonio se caracteriza por vincular el erotismo y el sexo en el marco de la norma y conforme a las reglas del sistema de parentesco. Por el contrario, una relación basada en el erotismo, el sexo u otros intereses interpersonales comunes, pero que se funde en una estructura inviable por principio para la procreación y en discordancia con las reglas de parentesco, como ocurre en la pareja homosexual, es una entidad incompatible con el matrimonio y la familia en sentido estricto.

Por consiguiente, es un absurdo antropológico y una aberración jurídica encuadrar a una pareja homosexual dentro de la categoría de «matrimonio», porque no cumple con las condiciones constitutivas del sistema de parentesco. En esta línea, si consideramos el tipo de relaciones que la antropología transcultural incluye en la red de estructuras de parentesco en sentido estricto, comprobaremos que los modos de relación erótica o sexual entre individuos del mismo sexo, por mucho que cohabiten y pretendan una asociación duradera, no cumplen con las condiciones imprescindibles para constituir un matrimonio y una familia, por lo que no hay fundamento para reconocer en ellos una alianza matrimonial y lazos de parentesco propiamente tales. Solo un abuso de poder, como el que se produce hoy en numerosos países, puede cambiar por ley el nombre de las cosas, pero no cambiará la realidad antroposocial, contemplada desde un enfoque objetivo.

La unión civil o contrato de convivencia entre una pareja homosexual podría tener estatuto jurídico con una figura específica, pero esa coyunda nunca puede originar una alianza matrimonial, puesto que la estructura y función de esta consiste en instaurar, al menos como posibilidad por su modelo de interacción, un cauce abierto de intercambio genético que genere familias propiamente dichas. Entre personas del mismo sexo tal propósito resulta por naturaleza inverosímil e ilógico. La pareja homosexual implica intrínsecamente el «cierre de la procreación». En su caso, solo quedan flecos sueltos del sistema de parentesco, en la medida en que todo el mundo posee unos ascendientes. Pero su relación de pareja obedece a un modelo inviable para crear descendencia, por lo cual, para las personas implicadas, la familia en sentido estricto se terminó en aquella de la que proceden.

Sin embargo, la dinámica del movimiento LGBT empuja a sus seguidores en una doble dirección. Por un lado, libera a la relación homosexual de la carga que implica la procreación y fomenta valores ajenos a la familia. Por otro lado, reclama el derecho a formar matrimonio y familia, aunque sea como simulacro, probablemente como vía de acceso a los beneficios que ya se habían establecido en la legislación familiar. Cuando se reclaman derechos, no debe ser a costa de otros. Por ejemplo, cuando la lésbica dice que ella tiene derecho a tener un hijo, hay que recordarle que el hijo tiene derecho a tener un padre.

En estas cuestiones, correspondería a los antropólogos sociales dar un veredicto más terminante, pero no hay unanimidad entre ellos a la hora de establecer a qué variedades de vínculo y de organización doméstica les corresponde propiamente el concepto teórico de matrimonio. Algunos contemporizan porque temen ofender, si se niegan a calificar como «matrimonio» un tipo de uniones o formas de emparejamiento que claramente no cumplen con las características que lo definen. El antropólogo Marvin Harris afirma sin ambages que el «matrimonio homosexual» no es técnicamente un matrimonio, pero, en vez de resistir a la corriente, busca una escapatoria:

«Existe una manera sencilla para escapar de este dilema. En primer lugar, definamos el matrimonio como la conducta, sentimientos y reglas que se refieren al emparejamiento entre compañeros corresidentes heterosexuales y a la reproducción en contextos domésticos. En segundo lugar, para evitar ofender a nadie al aplicar este concepto exclusivamente a corresidentes domésticos heterosexuales, se puede recurrir a un sencillo expediente. Designar las demás relaciones como «matrimonios entre no corresidentes», «matrimonios hombre-hombre», «matrimonios mujer-mujer», o mediante cualquier otra nomenclatura específica que demuestre ser apropiada. Está claro que estas uniones tienen diferentes implicaciones ecológicas, demográficas, económicas e ideológicas. Por tanto, nada se gana diciendo si son o no «verdaderos» matrimonios» (Harris 1988: 408-409).

Lo decepcionante de ese «sencillo expediente» es que se renuncia a la exactitud de los conceptos por razones totalmente acientíficas y espurias, para «evitar ofender» no se sabe muy bien a quién. ¿Desde cuándo es este un criterio admisible en un método que aspira a ser científico?

La calificación de las parejas homosexuales como «matrimonio», en contra de toda evidencia antropológica, solo puede explicarse como prepotencia por parte de quienes deciden esa categorización. Se trata de una imposición inmoral de una ideología a la que la vacía autoproclamación de «progresista» pretende autorizarla a cualquier desmán y a la manipulación de las instituciones sociales básicas.

Es lo que ocurrió de hecho en España, en 2005. El Partido Socialista legalizó el llamado «matrimonio entre personas del mismo sexo», desestimando el informe en sentido contrario elaborado por el Consejo de

Estado y despreciando el veto del Senado. Así, se aplicó a las uniones de convivencia entre parejas homosexuales la misma figura jurídica del matrimonio. Tal desmán se consumó de manera demagógica y alegando una interpretación forzada y falsa del artículo 32 de la Constitución Española. Los medios informativos carecieron de independencia y de criterio, aunque no faltaron las voces en contra de ese «matrimonio» entre homosexuales, donde se exhibe «un *ethos* que nada tiene que ver con la naturaleza de las cosas, sino con la arbitrariedad estatal» (Negro 2007: 138).

Frente a buena parte de la intelectualidad en ciencias del hombre y filosofía, tan perezosa que semeja un coro de papagayos repitiendo los *ismos* consabidos, es encomiable una valoración crítica como la que hace el filósofo Gustavo Bueno, con toda razón:

«Sin entrar en la aberración implícita en el concepto de «matrimonios homosexuales» — aberración que se hubiera evitado dando un estatuto específico a las parejas homosexuales que lo deseasen—, lo que nos interesa subrayar aquí es la incoherencia y sinsentido de un «orgullo democrático» ante situaciones en las que un Pueblo que mayoritariamente asume las normas del matrimonio romano (y luego cristiano) deja pasar, sin embargo, una ley que mina la estructura misma de nuestra sociedad de familias; un Pueblo que, si tuviera un orgullo democrático auténtico, debiera haberse plantado ante un gobierno formado por un hatajo de ideólogos indoctos e irresponsables, que deciden, en nombre de un progresismo que les da miles y miles de votos, destruir las bases de una sociedad milenaria y plantear más problemas para el futuro de los que puede resolver en el presente inmediato» (Bueno 2006: 305).

El cardenal Joseph Ratzinger, por su parte, entrevistado en 2004, alertaba del peligro que se cierne con la negación de los valores de la familia y el matrimonio, asediados por «diferentes ideologías que minan las bases del matrimonio y la familia cristiana». Por ello, censuraba el «matrimonio entre homosexuales» y criticaba el relativismo moral. Dijo, en particular, que la legalización del matrimonio homosexual en España es destructiva y que estamos ante la disolución de la imagen del hombre.

De nada sirvió que intelectuales de la izquierda histórica, en otros países europeos, se opusieran a la legalización del matrimonio entre personas del mismo sexo, con argumentos sólidos contra la ingeniería social del Estado. Así, el psiquiatra francés Michel Schneider:

«Después del Pacto Civil de Solidaridad [la unión civil legalizada por el Gobierno socialista de Lionel Jospin en 1999], el matrimonio es solo un paso hacia la homoparentalidad. Me opongo a ello. El Estado, que da a lo simbólico su fuerza de coacción y referencia para la sociedad –y no al revés–, no debe autorizar el matrimonio y la filiación entre dos personas del mismo sexo. Si la sexualidad humana no es simplemente natural, tampoco es totalmente cultural, desvinculada de las leyes de la reproducción.»

El mismo autor arremete incluso contra la ley de procreación asistida, dando su interpretación crítica desde una óptica psicoanalítica:

«Hay en la postura de querer tener hijos sin tener que entrar en relación con el sexo masculino, un miedo, un odio, un temor, una fobia al miembro viril, que hace que intentemos tener el producto del apareamiento sin tener que pasar por el acto de aparearse. Aquí hay una fantasía, queremos decir 'señoras, si quieren tener hijos, hay una forma muy sencilla, muy económica, que no cuesta nada a nadie, es el coito con un hombre de carne y hueso'. ¿Por qué necesita la procreación asistida? ¿Por qué quieres ser madre si has elegido un modo de sexualidad que te lo prohíbe?» (Michel Scheneider 2022).

Es clamar en el desierto. Como de costumbre, las aberraciones tienden a normalizarse en el horizonte cotidiano, donde la ideología de género triunfa. Así, en junio de 2012, la edición digital del diccionario de la Real Academia incorporó una nueva acepción de la palabra *matrimonio*: «En determinadas legislaciones, unión de dos personas del mismo sexo, concertada mediante ciertos ritos o formalidades legales, para establecer y mantener una comunidad de vida e intereses».

A pesar de su legalización, la categoría jurídica que tipifica el «matrimonio entre personas del mismo sexo» nunca pasará de ser, desde el enfoque antropológico, es decir, desde la teoría científica acerca del parentesco, un *simulacro* de matrimonio, una figura de emparejamiento externa y extraña al sistema de parentesco. Y, en los casos muy excepcionales en los que esas personas llegan a adoptar niños, tal hecho solo puede dar lugar a una familia defectiva, si es que no puramente metafórica o imaginaria, que se hace cargo de la crianza de huérfanos.

En conclusión, para un observador racional y ecuánime, el «matrimonio» entre personas del mismo sexo constituye un disparate antropológico, una fabricación política que pasa por encima de la naturaleza biológica humana e instituye un constructo de consecuencias probablemente nocivas para la sociedad, para las personas y para la humanidad. En realidad, los modelos extraparentales de «matrimonio» responden, más que al respeto, a la producción ideológica de la «diversidad» de estereotipos sexuales que, más allá de la tolerancia, devienen socialmente aberrantes a los ojos de la mayoría de los mortales.

LA INTERNACIONAL LGBT EVOLUCIONA HACIA EL PANSEXUALISMO

La evolución de los discursos sexualistas comienza por alterar el lenguaje, que no solo finge seudoconceptos y vocablos, sino que con frecuencia retuerce la gramática, por ejemplo, al confundir la categoría gramatical de género con el género sexual, algo ridículo. También innova el léxico, con un repertorio de neologismos, eufemismos y barbarismos que amplía la jerga de heteropatriarcal, monoparental, gay, bisexual, transexual, con intersexual, no binario, poliamoroso, cisgénero, transgénero, etc. Y los sambenitos de los nuevos herejes: homófobo, tránsfobo, feminista transexcluyente, etc.

Las acusaciones de «machismo», «homofobia», «transfobia» están entre los latiguillos utilizados, sean pertinentes o no, desde el argumentario que se maneja, basado en una retórica de etiquetas vacías de contenido real. Así, la jerga que vehicula tales fantasías ideológicas pretende descansar en la crítica a una supuesta «razón patriarcal», que apenas existe fuera de las mentes seducidas por la falaz narrativa feminista. Pues la razón no tiene sexo, salvo para quienes profesen una tosca metafísica de burdel. Nada de eso es real en el sentido que la mitología de género pretende.

Pero volvamos a consultar, en la Wikipedia, el artículo dedicado al «movimiento LGBT», para ver cómo completa su definición:

«En los últimos años, el movimiento ha incluido también otros colectivos relacionados con la diversidad de orientaciones, deseos e identidades sexuales, como las personas intersexuales, transexuales, travestis, *queers*, BDSM o *kink, swinger, leather*, asexuales, osos, poliamorosas, practicantes de la infidelidad unilateral consentida (*cuckolding*), etc., que llevaron a extender la sigla con letras adicionales (LGBTTTAIQK), agregarle un signo más (LGBT+), o reemplazar la sigla por la palabra «diversidad» o disidencia, de manera que no se incluya al colectivo cisheteronormativo.»

La lógica transgresora del movimiento gay lo ha conducido a dar albergue bajo su techo a toda clase de «subculturas» sexuales, con excepción, claro está, del modelo heterosexual del matrimonio entre hombre y mujer, que siempre fue la norma. El resultado consigue cohonestar todos los comportamientos sexuales imaginables que, en tiempos pasados, eran catalogados unánimemente como desviaciones o perversiones, y ahora gozan de buena prensa, al amparo de la permisividad social.

Además, aquí se recrudece la batalla del lenguaje, con neologismos y barbarismos ininteligibles para el no iniciado. El calificativo *queer* (literalmente, *extraño*) está abierto a todo lo «raro» tocante a sexualidad. Las siglas BDSM identifican al grupo de prácticas eróticas de bondage, disciplina, dominación, sumisión, sadismo y masoquismo. El calificativo *kink* alude al uso de cualesquiera prácticas o fantasías sexuales no convencionales. El anglicismo *swinger* designa a personas «liberales» que, viviendo en pareja, consensúan tener sexo con otras parejas. El llamado género *leather* se distingue por el uso de indumentaria de color negro y de cuero como fetiche para realzar el poder sexual. O el gremio «asexual» es el de quienes dicen carecer de todo tipo de atracción o se niegan a toda relación. Etcétera.

Se diría que hay un afán linneano de clasificación en el hecho de que se han llegado a catalogar 33 tipos de género y hasta 16 tipos de familia, no hay que decir que con total ausencia de coherencia racional y sin idea de antropología.

El precursor de esas teorías deletéreas lo ven algunos en un sobrevalorado Michel Foucault, metafísico nihilista reputado, personaje que resulta censurable no tanto por el oscuro malabarismo de sus escritos, sino por su retorcimiento conceptual, junto a su negacionismo del sida, su apología del régimen del ayatolá Jomeini y, en suma, su funesta enemistad hacia la racionalidad humana.

Surgida del movimiento gay y, en parte, del feminismo, la «teoría» se abrió a toda la proliferación de los discursos de género. Luego, se radicalizó en una posición extrema, que promovió el pansexualismo y el multigenerismo como una especie de Frente Pansexual de liberación del género. Su lógica rupturista derivó hacia la idea de una fluidez, versatilidad y autoelección subjetiva y cambiante del sexo/género, tan maleable que finalmente ha llegado a postular la abolición o negación de la identidad sexual como tal. En consecuencia, ha pasado de cobijar todas las identidades al delirio de pretender liquidarlas todas, provocando enorme indignación en el feminismo y el homosexualismo clásicos, que habrían luchado en vano. Si las diferencias de género dejan de tener sentido, ¿para qué el feminismo que defiende a la mujer? ¿Para qué el movimiento LGBT, fundado precisamente en la protección de las diversas identidades y roles de género que ahora se dicen inexistentes o irrelevantes?

¿Las diferencias de comportamiento entre hombres y mujeres son totalmente artificiales? Hasta la investigación en etología animal y primatología parece indicar lo contrario. Aunque no demuestre mucho, resulta que, en las sociedades de primates, los monos hembras prefieren jugar con muñecas, mientras a los monos machos les gusta jugar con coches y pelotas (cfr. Waal 2022). Sin duda hay gran adaptabilidad en los papeles de género, que pueden ser productos culturales, pero la identidad de género posee un anclaje más profundo.

Volviendo a la evolución reciente, comprobamos cómo se han introducido nuevas mutaciones en los modelos de identificación, que desbordan por completo los planteamientos del movimiento gay original. Este aparece hoy bifurcado en dos alas antagónicas: una reivindica la autodeterminación del género, otra demanda la abolición teórica y social del género/sexo. Hacen fortuna las tesis ultratransgresoras, se formulan doctrinas que relativizan toda adscripción clara de sexo/género, o que llegan a decretar que carece de sentido cualquier definición de la «identidad» sexual o de género; de tal manera que, al final, rechazan todo referente con el que identificarse sexualmente.

Si analizamos la deriva ideológica del discurso sexualista, a través de la radicalización del feminismo y del movimiento LGBT, descubriremos con relativa facilidad tres pasos consecutivos, siguiendo una lógica que, al final, entra en contradicción consigo misma.

1. El primer paso introduce la *distinción* entre «sexo» y «género», con el propósito de diferenciar lo dado biológicamente, es decir, el sexo genético, de lo configurado socialmente, en parte por los papeles que asig-

na a cada sexo la cultura. Hay que decir que esta distinción es válida en el plano teórico, pero solo desde esa perspectiva, porque, en la práctica, el *sexo* concreto de la persona nunca lo encontramos como un mero dato biológico, sino que siempre implica la remodelación por el contexto social y cultural; de modo que, en realidad, el concepto de «sexo» de la persona ya incluye en su significado lo mismo que se pretende denotar con la palabra «género».

2. En el segundo paso, la distinción sirve para preconizar la *desconexión* completa del «género» (culturalmente modelado) con respecto al sexo biológico, con la finalidad de conferir al género un significado exclusivamente sociocultural, despojado de todo contenido biológico. La motivación ideológica de esta maniobra de desacoplamiento estriba probablemente en la ilusión de que, con esta noción de género puramente cultural, se allana el camino para una mayor libertad del comportamiento sexual, con independencia de lo que dicte la genética. Pero aquí aún se valora positivamente la «identidad de género».

3. Más allá de la distinción y la desconexión, el tercer paso es más drástico aún. Supone la *negación* de toda relevancia al concepto de sexo genital, de nacimiento, al mismo tiempo que reivindica para el individuo la autodeterminación o autoasignación, es decir, la elección a su arbitrio de su propia «identidad de género». Además, con el fin de evitar cualquier restricción, la tesis más ultra defiende que la autodefinición del propio género no tiene por qué ser permanente, ni definitiva, sino que cada cual tiene el derecho a cambiarla cuando lo desee. El plan propone que sea suficiente la autodeclaración del sujeto, sin otra justificación ni autorización, para inscribir su nueva «identidad de género» en el registro civil y, en consecuencia, obtener los efectos jurídicos correspondientes y disfrutar de ellos.

La propaganda de los colectivos LGBT que siguen ahora a la vanguardia *queer*, propugna el género «no binario», las relaciones «poliamorosas» o «polisexuales» y, por último, pontifica acerca de la irrelevancia de las diferencias y de la identidad sexual. Fantasea con eliminar de las relaciones toda referencia a la naturaleza biológica (la dualidad genital) y repudia toda referencia al sistema biocultural de parentesco (la norma de intercambio, la nomenclatura, las actitudes, los papeles y las funciones). Ha perdido toda sensibilidad ante las contradicciones, cuando, por un lado, reclama la autodeterminación del género y, por otro, postula la disolución del concepto mismo de identidad de género.

El resultado de esta última evolución en la línea del *pansexualismo* hace que la «identidad», en última instancia, se vuelva arbitraria, imaginaria, evanescente, sin sentido. En rigor, ya no queda ahí ni sexo, ni género. Pero una autodeclaración carente de fundamento objetivable se evidencia vacía de significación. Esa pretendida irrelevancia del sexo genital dado biológicamente, seguida en casos particulares por la agresiva extirpación gonadal, en aras de la disolución del género o sexo sociocultural, ideológicamente mudable según el antojo individual, abocan a un estado de confusión con respecto al sexo/género, de de-generación, que solo puede comportar patología para las personas y deterioro para la sociedad.

Desde el punto de vista pansexualista, el feminismo y el homosexualismo ortodoxos parecen demasiado mojigatos. Su ideal aspira a una promiscuidad omnímoda, sin límites de sexo, edad o estado civil. Esto supondrá legitimar la corrupción y prostitución de menores, la pedofilia y tal vez –¿por qué no?– el incesto y la necrofilia. La exaltación del caos sentimental carece de límites. ¿Podemos objetar algo? En la dogmática pansexualista no hay nada que refutar, puesto que carece de pensamiento racional con el que confrontarse; su relativismo equipara y sacraliza todo tipo de ocurrencias, caprichos y transgresiones en lo tocante al sexo.

Esas aspiraciones están en marcha, con la pretensión de abolir las barreras de edad para el sexo y dejar disponibles a los niños para la pedofilia, mientras que el hecho de los abusos sexuales y los traumas padecidos por los niños nunca entra en el debate. Desde el utopismo de la revolución sexual del Mayo francés de 1968, hasta Los Verdes alemanes (cfr. Meotti 2013: III), el plan está inscrito en la agenda de la izquierda subversiva, licenciosa y carente de principios, así como en sus actuales epígonos «progresistas». Es exactamente lo que se trasluce, hoy en España, en las políticas de permisividad e incluso de promoción del sexo con menores, abanderadas desde determinados ministerios, consejerías y ayuntamientos, dominados por organizaciones izquierdistas o antisistema (cosa que quizá deberían tener en cuenta algunos de sus votantes). He aquí un diagnóstico certero sobre el trasfondo ideológico que comportan las posturas pansexualistas:

«En el comunismo de hoy cabe todo lo que sale en televisión para quejarse de la atroz herencia occidental recibida. En España, Podemos, por ejemplo, es leninista, *queer*, ecologista, animalista, inclusivo en educación, feroz perseguidor de la lengua común española y a favor del separatismo de regiones ricas como Cataluña o el País Vasco. Pero nunca hay que fijarse en lo que defiende, sino en lo que ataca. Lo mismo: libertad, propiedad, igualdad ante la ley, tradición occidental y unidad nacional» (Jiménez 2020: 14).

Por nuestra parte, tratemos de seguir con la investigación, con el convencimiento de que es posible avanzar en el descubrimiento de estructuras ocultas del universo sociocultural y su evolución histórica, aunque estos mecanismos escapan normalmente a la conciencia inmediata y operan con independencia de la voluntad de los sujetos actuantes.

A escala individual, las disposiciones, deseos y sentimientos profundos que entran en acción en las relaciones humanas nunca obedecen a pura espontaneidad existencial, ni tampoco a pura libertad personal de elección, ni mucho menos a una inspiración puramente racional. Todo eso entra en juego y cada persona tiene que aprender a manejarse, en el entorno de dinámicas sociales que tienden a imponerse.

Hay difusión por comunicación ideológica y por el poderoso mecanismo de la *imitación*, ese modo de retroacción positiva en las relaciones sociales mediante el cual unos comportamientos individuales desviantes se propagan y pueden llegar a imponerse a escala de la sociedad. Un hecho social elemental puede transformarse, a veces rápidamente, si no es contenido o neutralizado, en un hecho social total. Así, observamos cómo los fenómenos del pansexualismo se extienden e hipertrofian socialmente, de manera análoga a otras costumbres más epidérmicas, como pueden ser la estética del tatuaje, la perforación, o la tonsura. Las gentes no inventan esas conductas, sino que obran así porque piensan, sienten y desean así; porque así son educados, o inducidos, o manipulados, en unas circunstancias sociales que lo permiten. En general, cabe asegurar que detrás de la aparente espontaneidad de las masas siempre se esconde una manipulación, y acaso una estrategia de ingeniería social diseminada por grupos ideológicos, de interés o de poder.

Todo esto no supone juzgar el comportamiento de las personas, que podría deberse a inmadurez, fallo de socialización, narcisismo, o desorientación ética. En el plano personal concreto, podemos encontrar también madurez, responsabilidad y actitudes honestas. Además, no es ese el cometido de estas páginas, sino seguir analizando el fenómeno social del identitarismo de «género» y su radicalización en planteamientos pansexualistas cada vez más sectarios.

Un aspecto reseñable de los movimientos sociales relacionados con la sexualidad y el «género» es que, en sus modos de vivencia y en la formación de colectivos de género, ofrecen un sucedáneo de religión. Afirmar que poseen naturaleza cuasirreligiosa se fundamenta en el hecho de que asumen rasgos definitorios del sistema religioso, como son: a) la formulación de una mitología o conjunto de axiomas en los que se cree, b) la participación en rituales simbólicos y manifestaciones de signo paralitúrgico y c) la acción práctica conforme a pautas éticas y opciones políticas determinadas por aquellas creencias, a todo lo cual se le atribuye un significado último que da sentido a la vida personal y grupal. La mitología de género abarca distintas confesiones y congrega a sus divinidades en una especie de panteón sexopolítico donde se da culto a Afrodita/Venus, Hermes/Mercurio, Eros/Cupido, Príapo, bien es verdad que bajo otros nombres más actuales y con ferviente devoción.

Además, habría que añadir que el sexualismo militante opera como una religión de rasgos arcaicos, en la medida en que promueve división y enfrentamiento entre clases sexuales y, sobre todo, porque resucita la búsqueda de chivos expiatorios (patriarcales, heteros, cisgéneros) en los que descargar la agresividad. Los fieles, imbuidos de la propia absoluta inocencia, proyectan el malestar y la culpa siempre sobre el otro, el otro sexo, el otro género. Y creen firmemente que la salvación se alcanzará cuando ellos lo derroten, eliminen, sometan y, por fin, impongan la ley pansexualista a toda la sociedad. Se trata, a fin de cuentas, de una mala religión. Una muestra muy reciente la tenemos en el talibanismo «trans», cuyo militantismo hace estragos hoy en medios universitarios europeos (véase el artículo de Caterina Giojelli 2022). En su delirio, sostienen que no se puede definir una identidad de género, por ejemplo *mujer*, con base biológica, que eso es un pecado de «transfobia» que hay que castigar, y así lo exigen inquisitorialmente (cfr. Alías 2022). Pero algunas personas que han pasado por ello denuncian amargamente la «estafa del transgenerismo» (cfr. Mercado Rodríguez 2022).

La dogmática de los movimientos sexualistas está construida sobre un esquema de fondo bastante simplista, a partir de la suposición de que existe una sistemática opresión de sexo/género (que no está demostrada sociológicamente). De ahí el llamamiento a la «lucha de sexos», en la creencia de que esta lucha final acabará con la opresión cuando elimine los sexos/géneros sociales. Es un calco de la fe marxista en que la lucha de clases acabaría con la opresión de la clase obrera suprimiendo las clases sociales. Esta última utopía ya está desmentida por la práctica histórica leninista, ya que solo condujo a la instauración de una dictadura estatal controlada por la nomenklatura del partido, nueva clase dominante.

Más aún, en la religiosidad pansexualista, tras los preconceptos filosóficos de la lucha de géneros, es lógico descubrir la presencia de un avatar de la matriz de pensamiento hegeliano-marxista, a pesar del descrédito en que yace, pues sabemos que, en cuanto teoría materialista de la sociedad y la historia, es manifiestamente errónea; y, en cuanto metafísica dialéctica, resulta un método irreconciliable con la epistemología del conocimiento científico contemporáneo.

La cuestión no es crear nuevas formas de relación con la naturaleza y con los demás, pues la evolución es un proceso normal, sino saber si todo vale, o qué es lo que vale ponderadamente. Porque se da el caso de que el individuo intenta ser creativo afirmándose arbitrariamente frente a la especie de la que nació y la sociedad que lo crio, si es que no en contra de ellas, cuando la tradición cultural establecida aporta ya el fruto de creaciones históricas decantadas a lo largo de los siglos. Ni lo antiguo por antiguo, ni lo nuevo por nuevo, tiene garantía de ser mejor, claro está. Hay que discernir siempre. Por eso, carece de sentido el relativismo para el que todo vale igual y cualquier transgresión es plausible.

Si, en el campo de las interacciones sociosexuales, la persona deja de caracterizarse por un sexo/género determinado y reconocible, ¿en función de qué se establecen sus relaciones? Si todo se reduce al juego fortuito de papeles sociales intercambiables, si la diferencia genital da igual, si el afecto amoroso no se dirige a un objeto definido, entonces desaparece toda posibilidad de relación estable y nadie se hace responsable de lo que le ocurra a la sociedad.

Ese discurso polierótico y pansexualista para el que, finalmente, no significa nada la diferencia entre femenino y masculino semeja una especie de ensoñación, una fantasía subjetiva y una ficción que supone el abandono de toda racionalidad en la organización social. Por el contrario, la condición sexual es determinante desde el punto de vista biológico y fundamental en el orden cultural y emocional. Delata una gran insensatez la creencia en que uno puede cambiar su condición como cambia de indumentaria, pregonando y queriendo elevar a norma un travestismo generalizado. Sin duda, las anomalías son inevitables y es precisa la tolerancia con ellas, pero no hay razón para proponerlas como modélicas.

En suma, el movimiento pansexualista propugna una ética canalla basada en un «anarquismo de género», tendente, en última instancia, a la disolución de todo concepto de género sexual, lo cual deja sin razón de ser al feminismo e incluso al movimiento LGBT, a la par que constituye un prominente ejemplo de disparate antroposocial. Tesis inconsistentes, como la de que el «género» no tiene que ver nada con el sexo, que la cultura se puede disociar completamente de la biología, o que lo afectivo es disociable de lo genital, empujan en consecuencia a la degradación del orden moral de la sociedad humana.

En último término, la lógica de tales tesis puede conducir, y en ello estamos, a legitimar abiertamente la corrupción de menores, la pederastia y otros comportamientos transgresores que de vicios o delitos pasan a ser considerados como virtudes y derechos y señal de progresismo. Imaginemos las terribles secuelas de engaño, violencia y sufrimiento que semejante vía de perversión empiezan a ocasionar, sobre todo entre gente joven.

El relativismo moral lleva a la demolición de la familia

Es un hecho incuestionable que los componentes que se articulan en el sistema de parentesco pueden darse de manera independiente, extramuros del parentesco. La relación sexual, el erotismo, el afecto, la procreación y la crianza se sitúan ahí fuera de las estructuras del parentesco, fuera de la familia y del matrimonio en sentido antropológico. En la sociedad tradicional, esos fenómenos acontecían como anomalías. En contextos más recientes, sin embargo, parece que esa desarticulación tiende a considerarse normal. El desafecto por las relaciones de parentesco y los vínculos familiares aumenta sin cesar. Cada año, hay un mayor porcentaje de niños con un solo progenitor, o nacidos fuera del matrimonio, o adoptados por una familia anómala.

Todas estas circunstancias han influido decisivamente en el declive demográfico de las sociedades desarrolladas. Porque la estructura social se mantiene demográficamente por el hecho de que no cesa de nutrirse con el flujo de uniones entre varón y hembra (matrimonio) como modo de procreación y enculturación que teje la genealogía familiar.

Lo propio del relativismo pansexualista está en arrumbar el interés por emparentarse y por procrear, para concentrarse en el fervor por la diversión y la entrega a una satisfacción erótica omnímoda, ya sea esta con reivindicación de género, sin referencia a género alguno, o en vías de degeneración.

En líneas generales, constatamos una doble praxis que entraña una evidente contradicción: por un lado, la pretensión declarada de integrarse en el sistema de parentesco (caso del «matrimonio» entre homosexuales); por otro lado, el rechazo abierto y beligerante contra las estructuras conyugales y familiares (como ocurre en otros planteamientos sexualistas). En realidad, se trata de dos maneras complementarias de atacar al sistema de parentesco.

Existe un límite dado por la naturaleza, que radica en la irreversibilidad constituida con la formación del cigoto, origen del individuo humano, a lo que hay que añadir la consiguiente irreversibilidad de la identidad genética, incluida la sexual, masculina o femenina, que permanece inscrita en la información del genoma en el interior de cada una de las treinta mil millones de células que componen el organismo. En este sentido, es cierto que nadie nace en un cuerpo equivocado (cfr. Errasti y Pérez Álvarez 2022). Sobre esta base, se edifica el desarrollo existencial del individuo y la evolución cultural en la historia de la sociedad.

De la afirmación del carácter cultural del comportamiento sexual no se sigue, en absoluto, que cualquier comportamiento imaginable sea igualmente válido. Más bien, lo contrario: se reconoce que la sexualidad siempre está regulada culturalmente, sometida a normas de moralidad y decencia que favorezcan el bienestar y la supervivencia. Si se borra todo límite en la relación sexual, si todo está permitido, si no importa nada la procreación, entonces ni el futuro de la especie ni el de la sociedad están a salvo. Se habrían implantado los esquemas para su autodestrucción. Solo cabe esperar que la selección natural biológica y la sensatez sociocultural encuentren los medios para librarse de tan necios enemigos.

La propagación de la onda sexualista, a impulsos del relativismo posmoderno, produce serias perturbaciones en el campo sociocultural y se expande de unas sociedades a otras, de manera tan militante que en la actualidad hay organizada una auténtica Internacional LGBT, con un proyecto de expansión del pansexualismo a escala global. Ahora, hasta Sigmund Freud está descalificado por mojigato, obsoleto y retrógrado.

En síntesis, y recapitulando, las militancias de «género» impulsan modelos de comportamiento sexual/erótico que repercuten en consecuencias patológicas y nocivas para la vida en sociedad, también para las personas y, probablemente, para la especie. Se echa de menos un esclarecimiento racional y emocional que refuerce un sentido sensato para la vida erótica, tanto para quienes lo buscan como para quienes han de ser educados. Porque creer que cualquier comportamiento da igual, que todo vale, que hay «géneros» a la carta, o que no importa la identidad de sexo pone de manifiesto una estupidez alarmante. Habría que romper el tabú, y poder criticar públicamente el pansexualismo, mostrar hasta qué punto recubre un enjambre de elucubraciones seudoprogresistas, que serían desdeñables, si no fuera porque desencadenan consecuencias socialmente desquiciantes. Unos efectos que se producen con independencia de la voluntad de los protagonistas, y que podrían precipitar a la sociedad por una pendiente hacia la degradación.

La doctrina que pide liquidar la identidad sexual de los individuos lleva necesariamente a negar el valor de la masculinidad y la feminidad para el ser de la persona, y rechaza la relevancia social de esta diferencia. Desde el marco ideológico del dogma pansexualista, se acaba aniquilando la identidad sexual de las personas en su perjuicio. Paradójicamente, el pansexualismo se transmuta en una posición antisexualista, que rechaza el valor vital de la sexualidad femenina y masculina, despoja a la diferencia entre feminidad y masculinidad de todo significado para la persona y para la sociedad. Tal es el resultado del ataque a los fundamentos sobre los que se asienta la familia y el parentesco.

Ante la demolición sexualista en curso, hemos de insistir: la fórmula de lo que es según la estructura bio-cultural dispuesta para la procreación, tejedora del parentesco, nos da la clave que hace al matrimonio. Este reúne lo masculino y lo femenino en la alianza conyugal entre marido y mujer, con la virtualidad de ser padre y madre. Es la fórmula mediante la cual se combinan naturalmente los genes para una nueva vida humana y se transmiten la lengua y la cultura. No bastan los datos positivistas como el formar una pareja cualquiera, ni la residencia compartida, ni la convivencia juntos, ni el erotismo recíproco, ni la pasión sexual, ni la adopción conjunta de un niño. Llamar «matrimonio» a emparejamientos del mismo sexo podría suponer una burla y entrañar objetivamente una ofensa para la dignidad de quienes han contraído verdadero matrimonio.

Si tomamos en consideración la inserción del hombre en el conjunto de la naturaleza, entonces las relaciones sociales, que incluyen la organización sociocultural de la familia y el matrimonio, no pueden emanciparse por completo de la naturaleza, como pretenden las doctrinas del género *ad libitum*, sin dañar a la naturaleza genética humana, a la sociedad y a las personas.

Sin embargo, las ideologías pansexualistas difunden en el campo social flujos de información y desinformación capaces de alterar gravemente las estructuras racionales y emocionales de muchas personas, con especial incidencia en niños y adolescentes.

Aunque la guerra de los sexos/géneros se libra en campos de batalla extramuros del parentesco, sin embargo, sus resultados repercuten en él directamente, debilitando su estabilidad. El hecho es que el utopismo revolucionario de género, al intentar abolir la identidad sexual y que la expresión social de género no se atenga a normas, promueve la eliminación gradual del matrimonio y la familia tradicionales.

La repercusión más trascendente del pansexualismo se observa, pues, en el hostigamiento al sistema de parentesco, que se va erosionando con el aumento de familias truncadas y con la institucionalización de modalidades de «matrimonio» y «familia» extrañas al sistema de parentesco. Así, el Frente Pansexualista, en sincronía con corrientes radicales del feminismo y de la autodeterminación de género, auspicia separar la procreación con respecto al verdadero sistema de parentesco, privando entonces a los hijos de tener una familia en sentido propio y, a veces, de progenitores reconocidos.

Por el momento, mientras el número de bodas disminuye cada año, las consecuencias prácticas del ataque a las estructuras del parentesco son un hecho que está a la vista:

– El debilitamiento demográfico y el envejecimiento de la población, que forma parte de una situación bipolar a escala global. Atrofia de la población en las naciones desarrolladas, antinatalistas. Hipertrofia poblacional en naciones subdesarrolladas y países musulmanes.

– La orfandad, debida al incremento de niños sin sus padres, o con un solo progenitor, que incide desfavorablemente en su crianza y educación.

– La soledad, con el aumento de hogares con una sola persona, sobre todo en la vejez, que conlleva peor situación emocional y económica.

– La insolidaridad interpersonal e intergeneracional, subsiguiente a la disolución de los lazos familiares.

– La inestabilidad creciente que afecta a las relaciones sociales y personales, que provoca mayor incertidumbre ante el futuro.

La inestabilidad del sistema de parentesco es normal a lo largo de la historia, pero hoy se ve incrementada por la ideología de género, tendente a la abolición o negación de la familia y el fomento de la diversidad de modelos familiares —con la que hoy se engaña a los niños ya en la escuela—. Las fluctuaciones en ese aspecto, si no se controlan, pueden amplificarse hasta el punto de dar lugar a transformaciones disruptivas. Si anticipamos los escenarios previsibles, podrían ser estos:

A. El sistema de parentesco consigue contrarrestar las fluctuaciones, y de este modo aumentará las probabilidades de mantener su estructura previa en cierto equilibrio, o incluso la reforzará, dentro de una inestabilidad que es ineludible.

B. Las fluctuaciones traspasan un punto crítico de inestabilidad y desestructuran poco a poco el sistema de parentesco, hasta llegar a destruirlo al desmontar las bases de su continuidad. En su lugar, se propagan relaciones incidentales y caóticas, que, en nombre de una irrestricta libertad, emulan un ilusorio «estado de naturaleza», o una utópica «revolución sexual», mientras se acelera el colapso de la civilización.

C. La inestabilidad se contrarresta mediante el reemplazo progresivo del orden familiar por una regulación impuesta por los poderes del Estado. Este instaura las normas obligatorias para los individuos progenitores, despojados de la patria potestad, cuya prole pasa a depender enteramente de instituciones del propio Estado, que adopta la figura de superpatriarca, o de la reina de una colmena.

D. La desestabilización del sistema da oportunidad a la intrusión de un sistema extraño que se hace con el control y reemplaza al anterior. Esta sustitución puede ocurrir facilitada por un cambio demográfico que extendiera un sistema de parentesco basado en otros principios, como la discriminación de la mujer, la poligamia, el matrimonio infantil y la sumisión social a una ley religiosa. Para una sociedad libre, esto supone la ruina de los derechos humanos y de la dignidad de las personas.

E. Quizá alguna otra salida imprevisible, que ahora no acertamos a sospechar.

Lo cierto es que nos hallamos ante el incierto futuro del sistema de parentesco propio de la tradición occidental y cristiana, contra la que militan numerosas organizaciones y partidos políticos. Los cimientos de la sociedad se resquebrajan, ante el empuje de los neobárbaros que surgen dentro y los paleobárbaros procedentes de fuera, en ambos aspectos con la complicidad de unos gobiernos tan indecentes como ineptos.

EL PROGRESISMO PANSEXUAL MARCHA HACIA EL ESTADO TOTALITARIO

Cada sujeto humano tiene existencia propia conforme a su idiosincrasia, pero a la vez está inmerso en un campo de interacciones común en el que su actuación conlleva un signo y propicia unos efectos. ¿Qué sentido puede tener la creación de un sistema innovador en el ámbito de la convivencia y la procreación? Lo razonable es pensar que el bienestar de las personas, en particular de los hijos, así como la optimización de las libertades ciudadanas marquen los límites para valorar las innovaciones que afecten a las estructuras de parentesco. Es una cuestión de ética y de política.

Si no abandonamos del todo el pensamiento crítico, cabe seguir argumentando que el llamado «matrimonio homosexual», o entre personas del mismo sexo, por muy socializado que esté, y cuanto más, más, significa socialmente una injerencia, una agresión política al sistema de parentesco. Como ya quedó dicho más arriba, ha instituido una figura jurídica aberrante, a la vez que lleva a cabo una manipulación antropológica temeraria y emplea eufemismos lingüísticos para encubrir la arbitrariedad realmente producida.

Pero no es lo único. Ya hemos visto cómo el feminismo radical incidió en la expansión del homosexualismo. Luego, la Internacional LGBT despejó el camino al identitarismo de género. Y este, por la vía de un relativismo muy posmoderno, desembocó en el movimiento pansexualista radical. La labor de zapa del progresismo pansexual va minando los cimientos de la organización social. Tiende a descomponer la estructura familiar, promocionando un modelo de individuos totalmente individualistas, «poliamorosos», «pansexualistas», cuya ética legitima un estilo de vida para cuyas realidades prácticas, aunque nunca fueron tan doctrinarias, no son del todo nuevas, pues el diccionario cuenta, desde antiguo, con palabras que las describen: hedonismo, sensualismo, promiscuidad, lujuria, lascivia, salacidad, sicalipsis, sexomanía, pedofilia. Es probable que el pansexualismo no alcance de momento los últimos objetivos de su agenda, pero puede avanzar mucho, si cuenta a su favor con el respaldo poderoso del Estado. En el camino, intentará por todos los medios ofuscar el enfoque científico, debilitar el pensamiento crítico, demoler la sociedad fundada en la igualdad, la modernidad, la libertad y la democracia pluralista.

Conforme a su programa, la lucha pansexualista promociona unos modelos de relación conforme a los cuales se va sustituyendo la ayuda mutua de la familia, enraizada en la naturaleza biológica y la costumbre, por la dependencia anónima del Estado protector, que poco a poco aspira a ocupar todo el espacio social. Se cambia la interrelación afectiva, personal, por la relación burocrática de amparo jurídico. Una interpretación metafórica diría que, al final del proceso, serán los supermachos y las superhembras alfa del partido gobernante quienes decidan y legislen sobre la vida de las personas en todos sus aspectos (al modo de la *saría* mahometana). Tan solo persistirá una ilusión de libertad, circunscrita a los espacios de desrepresión provistos con el fin de incentivar la adhesión y como coartada ideológica.

Al separar a los hijos de los progenitores y de la organización familiar, la última meta ideológica de la ingeniería social pansexualista es que sean los poderes del Estado, quizá con una red de inclusas subvencionadas, los que tomen a su cargo a los niños y los adoctrinen dentro de una colmena totalitaria, como infausta alternativa a la familia propiamente tal, inserta en el sistema de parentesco.

Insistamos una vez más: si la relación sexual, en sentido biológico estricto, consiste en un intercambio de genes, que eventualmente da lugar a la fecundación, entonces, cuando la relación sexual se desvincula del «género», una de sus implicaciones es el rechazo del matrimonio y la familia. En consecuencia, ocurre que los niños son privados de padre y madre, son huérfanos preprogramados y prefabricados. Por eso, esas formas de convivencia que el Estado llama «familias», de tipo monoparental, adoptiva, impropia, o defectiva, tienen como resultado más palpable la promoción de orfanatos domésticos. Aunque en un futuro se podría solventar el problema de la reproducción por medio de gestantes artificiales, tal vez máquinas. Y el afectuoso cuidado materno y paterno pasaría a ser sustituido por la atención burocrática en el seno de un monumental orfanato. Pero ¿qué clase de inhumanos resultarán?

La deriva de cierto feminismo radical ha ido también por esos caminos, al extender la retórica del «heteropatriarcado» hasta una crítica demagógica de los fundamentos políticos de la sociedad moderna occidental. No hay más que ver las insidias feministas posmodernas que vinculan el régimen patriarcal familiar con la estructura del Estado liberal democrático, postulando la tesis de que está organizado por los varones en contra de las hembras. Léanse los sofismas encadenados de Carole Pateman, en *El contrato sexual* (1988). Su conclusión política es un llamamiento para acabar con la democracia, no se sabe muy bien para qué alternativa, sin duda dictatorial, acaso inspirada por una reedición del mito del matriarcado.

En realidad, las llamadas «políticas de igualdad» y «políticas de identidad» que hoy despliegan las instituciones gubernamentales y educativas suelen consistir en administrar la discriminación de unos grupos respecto a otros (grupos sexuales, raciales, territoriales), favoreciendo demasiadas veces a los falsamente oprimidos, bajo el camuflaje ideológico de una corrección política que impone tabúes, amenazas y represalias, y usando un lenguaje trufado con santurronería de género (cfr. Benegas 2020: cap. 19 y 20). Desde el necesario reconocimiento de la diversidad humana junto con la igualdad ante la ley, se ha dado un salto, injustificable, a la promoción arbitraria de privilegios para las «diferencias».

Los planes sexualistas patrocinados por gobiernos dados a la experimentación social y el proselitismo irresponsable ejercido a través de los medios de comunicación de masas han conseguido que la opinión pública considere ciertas aberraciones morales como una conquista emancipadora. Se da un trastorno desastroso de los principios éticos en nuestra sociedad, no ya permisiva, sino abiertamente corruptora, que presenta como normal la depravación del sexo, la distorsión del lenguaje y el adoctrinamiento sectario en la enseñanza.

Cuando el control ideológico sobre la gente llega a ser casi absoluto, los mantras sustituyen al debate abierto. La replicación viral de la mitología pansexualista, la subordinación jerárquica a ídolos degenerados, la ceguera voluntaria ante la delincuencia política, facilita el proceso que convertirá la sociedad humana en un gigantesco hormiguero.

El argumento, esgrimido a veces, de que las reglas de la familia o el matrimonio son una «construcción» social, como sobreentendiendo que son algo que puede desmontarse y montarse a voluntad en un momento dado, es un argumento falaz porque da a entender algo completamente erróneo. No cabe planificar la evolución histórica, máxime ignorándola, sin sabotearla. En principio, las instituciones recibidas se encuentran contrastadas con la experiencia y seleccionadas bioculturalmente a lo largo de siglos, o incluso milenios. Es evidente que no son eternas. La evolución prosigue, pero muy pocas de las mutaciones o innovaciones resultan consolidadas por la selección cultural, en función de su valor de supervivencia y de convivencia. La mayoría de las que aparecen no prosperan. Sin embargo, en ocasiones, hay mutaciones que llegan a difundirse, pese a ser deletéreas, y acaban siendo patológicas o mortíferas para la sociedad. Conviene distinguir unas de otras.

En este sentido, podemos temer que las injerencias de ingeniería social en el campo del comportamiento sexual se correlacionen con fases hacia la demolición de las libertades cívicas y las instituciones democráticas pluralistas. Hay proyectos políticos «progresistas» cuya hoja de ruta incluye el objetivo de implantar progresivamente una dictadura totalitaria. Y es que el mayor logro del progresismo posmoderno estriba en combinar el relativismo moral con el despotismo político.

Ya no es solo una ideología de género inscrita en un discurso lunático, o en pancartas de manifestaciones tumultuosas. Hoy, por ejemplo en España, hay *leyes de género* marcadas por el pansexualismo, como la ley de «violencia de género». Y hay *políticas* agresivas impuestas por una minoría contra el consenso de la gran mayoría de la sociedad. Así, se instauran tipos de «matrimonio» y de «familia» impropios, que no tienen cabida coherente en ningún sistema de parentesco propiamente tal. Se suprime el título de «familia numerosa». Se borran del léxico jurídico los términos «madre» y «padre». Se niega el derecho de los padres a decidir sobre la educación de sus hijos y se menoscaba la patria potestad, afirmando que «los hijos no pertenecen a los padres de ninguna manera». Se eliminan las condiciones limitantes para el aborto. Las adolescentes, a partir de los 16 años, pueden abortar por su cuenta, sin conocimiento ni aprobación de sus padres. A cualquiera, incluidos niños y púberes desde los doce años, se le permite cambiar de sexo y de «género» a voluntad. Se defiende que los menores puedan dar su consentimiento a relaciones sexuales con adultos desde los doce años; y que en la educación infantil se enseñe a los niños pequeños a masturbarse a partir de los tres años.

Hoy, el Estado no solo no tiene una política de apoyo a la familia, sino que impulsa su destrucción. Lo que quiere son buenos «ciudadanos» entendidos como individuos aislados y dóciles, pero no personas libres. Los medios de domesticación de masas y hasta un «Ministerio de Igualdad», además del sistema de enseñanza, adoctrinan *contra la familia*, promocionando todas las formas de satisfacción hedonista inmediata como mecanismo ascético para la formación de individualidades egoístas, pero gregarias en la sumisión a un orden estatal que acapara toda la organización social. A cambio, se exige la renuncia a formar una familia, el abandono de la tradición.

Esta línea de intervencionismo en marcha suspende toda norma racional asentada por la costumbre, a la vez que exalta como virtudes cívicas no ya el adulterio o el homosexualismo, sino la pedofilia, la corrupción de menores, la falta de respeto a los progenitores, el desprecio a la familia, todo esto en nombre de una libertad que está por ver, porque las experiencias habidas desde Mayo del 68 han demostrado que se trata de la mentira con que se encubren los abusos de los más prepotentes sobre los débiles e inmaduros.

La pragmática de esa especie de sovietismo de género propende a erosionar la institución familiar, reemplazando el apoyo mutuo del parentesco por beneficios burocráticos concedidos por el Estado a los individuos, que así dependerán vitalmente de él. En última instancia, se pretende estatalizar la reproducción, tras desvincularla del sistema inmemorial del parentesco, de modo que la natalidad quede separada de la organización conyugal y familiar autónoma. Este es el destino que aguarda, cuando ideológicamente se desconecta radicalmente sexo, género, afecto y parentesco; cuando se idealiza la satisfacción inmediata de la pulsión sexual, el cumplimiento irrestricto de fantasías eróticas individuales, al margen de toda responsabilidad familiar, mientras subrepticiamente el Estado se apodera de la gestión directa de la población, usurpando la titularidad del genoma humano.

En síntesis, el militantismo de «género» radical propaga un discurso de cariz totalitario, al mismo tiempo que se lanza socialmente al asalto de las instituciones educativas y políticas. Sus secuaces recitan el mito pansexualista y transgenerista como un corán, obnubilan a demasiados prosélitos vacuocéfalos y promueven la dictadura ideológica de un puritanismo canalla, que practica con descaro la censura, el acoso y la intimidación contra quienes osan oponérsele.

El utopismo que pretende la abolición de las categorías sociales de sexo/género resulta tan absurdo como pretender abolir la gramática y el léxico de la lengua hablada, para que cada cual sea libre de comunicarse con su idiolecto inventado a cada momento, lo que apenas se distinguiría de una cacofonía de rebuznos.

La evolución no se define en términos de individuo, ya que el comportamiento de un individuo desviante o innovador puede ser anecdótico, si queda en una rareza aislada. La evolución se define en términos de la población, cuando el nuevo esquema es imitado y cunde socialmente. Este es el riesgo, si no hay resistencia.

A veces se justifica señalando que hay mayor libertad individual. La hay, sin duda. Pero no debemos olvidar que la libertad implica posibilidad de obrar lo bueno y lo malo, en términos éticos, por lo que requiere una mayor responsabilidad, tan a menudo ausente. No toda transgresión como ejercicio de libertad mejora las cosas. Los mutantes culturales pueden levantar una sociedad, pero también hundirla. En el balance, las innovaciones pansexualistas, lejos de ser constructivas, amenazan con un retroceso histórico sin precedentes para la organización social.

Las corrientes más radicales del feminismo, el homosexualismo, el pansexualismo y el transgenerismo se interconvierten y convergen en una ubicua hipersexualización, forman una amalgama que hace estragos entre la gente joven y guerrea contra las estructuras de parentesco de la cultura occidental. Hay que salir en defensa de ellas, porque nuestro modelo tradicional se caracteriza por singularizar a cada individuo dentro de un campo de relaciones que hace posible la igualdad concreta, que educa para la libertad personal y la responsabilidad dentro de una sociedad abierta. En otros modelos conocidos, en cambio, el individuo está subordinado estructuralmente a la familia, al clan, de forma que queda desposeído de autonomía en sus decisiones personales, a la vez que coartado en sus libertades políticas y económicas. Al demoler las estructuras del matrimonio monogámico y la familia vertebradora del parentesco, la evolución cultural pansexualista va camino de desarticular las bases de la sociedad occidental.

En el trasfondo del discurso pansexualista, se esconden dos metafísicas que, en la teoría, parecen contrarias e incompatibles entre sí: A) El *relativismo* posmodernista para el que todo da prácticamente igual, pues todo punto de vista vale como interpretación y cualquier comportamiento es legítimo en la práctica. B) El *totalitarismo* tomado de la dialéctica por el neomarxismo, sin duda fuera de época, pero que alienta la «lucha» de géneros en la que solo es admisible un dogma. No obstante, ambas corrientes ideológicas, mitológicas, criptorreligiosas, confluyen en el empeño por abolir el sistema de parentesco, así como en la enemistad hacia la civilización humanista de inspiración cristiana.

En un juicio sumario, desde un enfoque filosófico, cabría decir que la deriva analizada, por cuanto desacopla la animalidad (irracional) y la humanidad (representada por la norma cultural), al tiempo que se pone la segunda al servicio de la primera, promueve formas de comportamiento calificables como éticamente reprobables por repercutir de manera perniciosa en la organización social. Es una cuestión que afecta, en última instancia, a la supervivencia de la especie, pero también al significado de la existencia humana.

En fin, debemos dictaminar que el relativismo posmodernista es intelectual y moralmente insostenible, al menos para quien no renuncie a la razón. La idea relativista de que cualquier comportamiento sexual da igual y toda ética constituye un artificio, al ser defendida como absoluta e incuestionable, evidencia que es la presunta validez universal del relativismo pansexualista, patrocinado por el totalitarismo «progre», la que implica una contradicción.

Lamentablemente, estamos en un mundo donde cada vez resulta más raro encontrar verdad en las palabras, decencia en los comportamientos, respeto a la naturaleza y fe ilustrada en Dios. La inquisición «progre» impone la «corrección política», pura ideología, que induce a la autocensura y coarta libertades mediante todo tipo de intimidaciones.

Con todo, no hemos vislumbrado el último horizonte de la desolación. Aún habría que asociar los movimientos pansexualistas y los planes de ingeniería social del Estado con las profecías de la manipulación genética, que darían el salto del sujeto transgénero al transhumanismo (cfr. Miyares 2022). Todavía un mito delirante, pero es el mito lo que transforma o trastorna la historia. Las doctrinas del *transhumanismo* creen que es posible y deseable, en un futuro próximo, la superación de ciertos límites cognitivos y corporales de la naturaleza biocultural humana, mediante el empleo de la ingeniería genética y la edición del ADN. Este tipo de sectas criptorreligiosas profetizan el *poshumanismo*, un mesianismo genómico, cuya escatología imagina la metamorfosis de nuestra realidad antropológica, de tal manera que los portentos tecnológicos generarían una nueva especie artificial, «poshumana» o «transhumana», salvada de las constricciones determinadas por el genoma actual de *homo sapiens*. Dios nos libre del terror que supondrá, si algún día prosperan ideas como esas y unos fáusticos aprendices de brujo consiguen financiación para sus experimentos Frankenstein, que, con toda probabilidad, desencadenarían una calamitosa pandemia de peste negra genética, previa acaso a una catastrófica extinción de la humanidad como humanidad.

CAPÍTULO 2

LAS ESTRUCTURAS DEL PARENTESCO

LA ESTRUCTURA Y LA FUNCIÓN DE LOS SISTEMAS DE PARENTESCO

Las relaciones de parentesco fueron el primer campo donde Lévi-Strauss puso a prueba la eficacia de su método estructural; ellas representan la base primigenia de la sociedad humana. En *Las estructuras elementales del parentesco* (1949), trata de reconducir la enorme variedad de prácticas y creencias familiares, aparentemente caóticas y arbitrarias, a algunos principios sencillos que den cuenta plenamente de su inteligibilidad. Luego, a lo largo de los años, volverá sobre el asunto en el *Prefacio* a la segunda edición (1967) y en otras contribuciones, como *La familia* (1956), *El futuro de los estudios del parentesco* («Huxley Memorial Lecture», 1965, publicado en 1966), *Reflexiones sobre el átomo de parentesco* (recogido en *Antropología estructural II*, 1973) y otros textos recopilados en *La mirada distante* (1983), *Palabra dada* (1984) y *De cerca y de lejos* (1988), siempre manteniéndose fiel a la inspiración teórica, el método y los principios de interpretación iniciales.

El sistema del parentesco, como el sistema de la lengua, constituye un lenguaje, un «sistema de símbolos» cuyo fundamento es igualmente la «emergencia del pensamiento simbólico». «Debido a su carácter de sistema de símbolos, los sistemas de parentesco ofrecen al antropólogo un terreno privilegiado en el cual sus esfuerzos pueden casi alcanzar (insistimos sobre este 'casi') los de la ciencia social más desarrollada, la lingüística» (Lévi-Strauss 1958: 49), a condición de tener siempre presente que la investigación se encuentra en pleno campo del simbolismo.

Las relaciones entre los sexos constituyen otra modalidad de la gran «función de comunicación» que acontece en la sociedad. Las mujeres juegan el papel de *signos* que han de ser intercambiados; aunque nunca puede reducirse la mujer a mero signo, al ser también «productora de signos» y conservar «un valor particular que corresponde a su talento»; «al revés de la palabra, que se transformó íntegramente en signo, la mujer permaneció al mismo tiempo como signo y como valor» (Lévi-Strauss 1949: 575).

Para que se pueda hablar de «sistema de parentesco», se exigen dos requisitos imprescindibles: por un lado, consistencia interna, por otro, significado y finalidad. O lo que es lo mismo: una sistematicidad y una funcionalidad.

La *funcionalidad* del parentesco y sus reglamentaciones consiste en asegurar la cohesión de –y entre– los grupos sociales, en impulsar la circulación de mujeres, en entretejer los vínculos consanguíneos con los de alianza. El fin o «función fundamental de un sistema de parentesco es definir categorías que permitan determinar cierto tipo de regulaciones matrimoniales» (Lévi-Strauss 1966: 55), sancionar cierto tipo de comunicación entre individuos y grupos. Aparece aquí el carácter teleológico del sistema, orientado en cuanto modelo al logro de unas finalidades sociales específicas.

La *sistematicidad* del parentesco aporta el punto de arranque para la explicación de la función. El parentesco debe interpretarse como un fenómeno estructural; define relaciones que incluyen o excluyen a ciertos individuos, formando «un conjunto coordenado donde cada elemento, al modificarse, provoca un cambio en el equilibrio total del sistema» (Lévi-Strauss 1949: 560). Puesto que el sistema es un «sistema de posiciones», donde lo significativo son las relaciones o estructuras que perduran constantes, no importa que los individuos concretos muden una posición por otra. La red de relaciones, que se da antes e independientemente de los términos, es la que define el sistema. El trabajo comienza por *analizar* una modalidad o sistema particular para luego *restituir* deductivamente la «estructura global del sistema que abarque y explique todas las modalidades posibles, cada una de las cuales se trata de *verificar* experimentalmente». En cada caso, «es precisamente en función de la estructura global (...) como debe comprenderse e interpretarse el sistema» concreto (1949: 436). Tal estructura se entiende como la totalidad o «principio regulador» que permanece siempre constante, que precede como un todo a las partes y da lugar a los diversos tipos de sistemas efectivamente existentes: estructuras destinadas a cumplir una misma función.

El sistema de parentesco constituye a su modo un hecho social total, dotado de connotaciones múltiples, psicológicas, sociales y económicas. Más exactamente, engloba dos órdenes superpuestos: un sistema de *denominaciones* o nomenclatura (padre, madre, hijo, tío, sobrino, primo, etc.) y otro sistema de *actitudes* o comportamientos (respeto o familiaridad, afecto u hostilidad, derecho o deber). Uno no traduce al otro, aunque existe una interrelación. Las actitudes, por respecto a los términos, «aparecen a menudo como elaboraciones secundarias destinadas a resolver contradicciones y a superar insuficiencias inherentes al sistema de denominaciones» (Lévi-Strauss 1958: 36). Al trabajar la teoría de las estructuras elementales del parentesco, toma como punto de partida el sistema de comportamientos «cristalizados» o prescritos, en busca de su estructuración más básica, con la idea de que solo ella es capaz de dar razón de las semejanzas y diferencias entre terminología y conducta.

LA FAMILIA EN SENTIDO ESTRICTO

Mucho se ha debatido, y se debate aún, *el problema de la universalidad de la institución familiar*. Lévi-Strauss llega a importantes conclusiones, aunque todavía no se sepa decir apodícticamente qué es la familia ni qué futuro le aguarda. Sí está comprobado que es en los extremos de la escala cultural (si puede hablarse así), en los pueblos más simples y en los más civilizados, donde prevalece el modelo de familia conyugal monogámica, prescindiendo ahora de sus formas concretas. Mientras que es en pueblos no arcaicos y con un desarrollo social superelaborado en los que se dan tipos de organización donde prácticamente desaparece la familia conyugal; así en el caso de los nayar, en la costa malabar de la India: la ceremonia matrimonial, puramente simbólica, no creaba una unión permanente, pues los hombres se dedicaban a la guerra, y las mujeres casadas estaban autorizadas a admitir amantes a placer, en tanto que los hijos pertenecían solo a la línea materna, sin importar quién fuera el padre (cfr. Lévi-Strauss 1956: 10).

Tal como sucede, por encima del nivel conyugal, el valor funcional de la familia crece socialmente (familia doméstica); por debajo del nivel conyugal, el valor funcional de la familia tiende a desaparecer; y justo en el nivel conyugal, el valor funcional de la familia se estabiliza, sea cual sea la funcionalidad concreta y el sistema por el que se asigna o elige la pareja.

Sin embargo, en cualquier sociedad, la familia puede coexistir con, al menos, una tendencia a las relaciones promiscuas entre los sexos. Una serie de razonamientos, en esta línea, llevan a Lévi-Strauss a constatar que «cuando consideramos la amplia diversidad de sociedades humanas que han sido observadas, digamos, desde Herodoto hasta nuestros días, lo único que podemos decir es lo siguiente: la familia conyugal y monógama es muy frecuente». Y por otra parte esta «alta frecuencia del tipo conyugal de agrupación social no deriva de una necesidad universal»; sino que «es posible concebir la existencia de una sociedad perfectamente estable y duradera sin la familia conyugal» (Lévi-Strauss 1956: 16). Queda por solucionar el problema de esa casi universalidad de la familia, al no haber ninguna ley natural que la exija.

La «familia» designa un grupo social originado por el matrimonio, compuesto nuclearmente por marido, esposa e hijos (si bien pueden agregárseles otros parientes), y atado por lazos legales, por normas económicas y sociales, por reglas sexuales y por especiales sentimientos personales.

El *matrimonio*, como condición de la familia, aparece en forma ya monógama ya polígama (y esta, como poliginia o poliandria), por lo que puede decirse que la monogamia no está inscrita en la naturaleza humana. Es cuestión cultural como puede serlo, en alguna sociedad, la repulsión hacia la soltería o hacia las parejas sin hijos. Y lo que la cultura busca, casi universalmente, con cualquier tipo de matrimonio es la construcción de la sociedad, pues si el matrimonio origina la familia, son las familias las que se alían entre sí por medio del matrimonio, tanto que, de hecho, «el matrimonio tiene lugar más entre grupos que entre individuos», más aún «el matrimonio no es, ni puede ser, un asunto privado» (Lévi-Strauss 1956: 23).

Las *formas de familia* que el matrimonio engendra oscilan desde la familia *doméstica*, impropiamente llamada familia articulada o extendida (grupo amplio de parientes próximos que viven y trabajan bajo autoridad patriarcal) hasta la familia *conyugal*, que también se denomina restringida, prácticamente universal, ya esté formada por la madre y sus hijos, o bien por el marido, la esposa y sus hijos.

Los *lazos familiares* son de muy diversa índole. Por supuesto no se reducen a la satisfacción del impulso sexual, pues la mayor parte de los pueblos proporciona para ello no pocas oportunidades. Junto al lazo del reconocimiento legal de la sociedad en un asunto del que pende su supervivencia, hay otro de carácter económico: la división sexual del trabajo. Es un hecho comprobado por doquier que cada sexo se especializa en unas tareas, prohibiéndosele otras, aunque la manera como se distribuyen esas tareas (salvo en lo que toca a la procreación) dependa de cada sociedad. Esta regulación de las tareas básicamente económica, en un plano, corre pareja con la de las relaciones sexuales, en otro plano, ya que «exactamente de la misma forma que el principio de la división sexual del trabajo establece una dependencia mutua entre los sexos, obligándoles a perpetuarse a sí mismas, a la creación de nuevas familias» (Lévi-Strauss 1956: 35). Si uno es el principio de la vida familiar (la «prohibición de tareas»), el otro constituye el principio de la vida social (la prohibición del incesto). Ambos anudan y reanudan lazos biológicos por medio de lazos sociales, realizan la naturaleza en el reino de la cultura, gracias a lo cual existe la humanidad.

LA PROHIBICIÓN DEL INCESTO COMO CLAVE DEL SISTEMA

Si el orden natural se caracteriza por la ley «universal» y el orden cultural, por la «regla» particular (que otras excluye soluciones naturalmente posibles), en la prohibición o tabú del incesto descubrimos la articulación entre ambos órdenes: se trata de una *regla universal*. «La prohibición del incesto presenta, sin el menor equívoco y reunidos de modo indisociable los dos caracteres en los que reconocemos los atributos contradictorios de dos órdenes excluyentes: constituye una regla, pero la única regla social que posee, a la vez, un carácter de universalidad» (Lévi-Strauss 1949:

42). Se encuentra anclada en lo precultural, representa precisamente el punto de emersión de la cultura y, según quiere demostrar Lévi-Strauss, constituye la cultura misma. Al final, lo cree corroborado: «Si la interpretación que propusimos es exacta, las reglas del parentesco y el matrimonio no se hacen necesarias por el estado de sociedad. Son el estado de sociedad mismo» (Lévi-Strauss 1949: 568). «La prohibición del incesto funda de esta manera la sociedad humana y es, en un sentido, la sociedad» (Lévi-Strauss 1973: 29).

En coherencia con su tesis, Lévi-Strauss refuta las tentativas explicativas de otros autores, atrancados en la disociación naturaleza/cultura que, para él, solo conserva cierta utilidad metodológica:

A. La prohibición se debería a una *reflexión social* sobre un fenómeno *natural:* las taras resultantes de las uniones consanguíneas (Lewis H. Morgan; Henry Maine). No es admisible, dado que esa dificultad se hubiera obviado, de no existir la prohibición, como en otras especies animales; además, las sociedades primitivas desconocían completamente la genética.

B. La prohibición sería efecto de un *horror natural* fisiológico al incesto (Edward Westermarck; Havelock Ellis). Pero, por el contrario, el psicoanálisis revela la existencia del deseo del incesto. Es más: ¿cómo relaciones con el mismo grado de consanguinidad, unas se consideran incesto y otras no?

C. La prohibición estaría originada puramente por una *regla social,* fijada por distintos motivos según los grupos, cuyas incidencias biológicas serían accidentales y secundarias (John F. McLennan; John Lubbock; Émile Durkheim). Pero esto tampoco satisface. El problema del tabú del incesto no lo explican las diferentes configuraciones históricas surgidas en tales o cuales sociedades; la cuestión está en «preguntarse qué causas profundas y omnipresentes hacen que, en todas las sociedades y en todas las épocas, exista una reglamentación de las relaciones entre los sexos» (Lévi-Strauss 1949: 57).

Así pues, se puede comprobar que los intentos de los antiguos teóricos que se ocuparon del problema del incesto, cada cual desde su perspectiva, desembocan en un atolladero de contradicciones. No basta invocar la doble valencia de la regla, natural y cultural, enlazada extrínsecamente por un nexo racional. Ni basta, con más motivo, explicar la prohibición exclusiva o predominantemente, sea por causas naturales, sea por causas culturales.

Esta regla de las reglas, la prohibición del incesto, «no tiene un origen puramente cultural ni puramente natural, y tampoco compuesto de elementos tomados en parte de la naturaleza y en parte de la cultura. Constituye el movimiento fundamental gracias al cual, por el cual, pero sobre todo en el cual, se cumple el paso de la naturaleza a la cultura» (Lévi-Strauss 1949: 58-59). Pertenece simultáneamente a ambos órdenes, constituyendo precisamente el vínculo de unión entre uno y otro, o mejor dicho, la transformación, el proceso mediante el que la naturaleza se supera a sí misma. «Aunque la raíz de la prohibición del incesto se encuentra en la naturaleza, solo podemos aprehenderla en su punto extremo, es decir, como regla social» (Lévi-Strauss 1949: 65). Es *natural* o *presocial* por el carácter formal de «universalidad» que poseen las tendencias e instintos, y también por el modelo de relaciones que impone, biológicas y psicológicas. Y es *cultural* o *social* por ser «regla», clave del universo de reglas que contempla la sociología, por el carácter coercitivo de sus leyes e instituciones sobre fenómenos naturales que pierden su soberanía. Con la prohibición del incesto, salta la chispa que opera el advenimiento de un nuevo orden: «una estructura nueva y más compleja se forma y se superpone –integrándolas– a las estructuras más simples de la vida psíquica, así como estas últimas se superponen –integrándolas– a las estructuras de la vida animal» (Lévi-Strauss 1949: 59). Este hecho tiene alcance universal; se verifica en toda sociedad por arcaica que sea. Básicamente entraña una *estipulación negativa*, clave de bóveda que cada sociedad concreta y regula mediante un determinado sistema, con vistas al cumplimiento de una *función positiva* constante: el reparto equitativo de mujeres, la perpetuación del grupo.

Nada impediría, a un hombre, biológicamente hablando, casarse con su madre, su hermana o su hija. Pero desde el momento en que la familia biológica no vive sola y tiene que buscar la alianza con otras para perpetuarse, y desde que se plantea la necesidad de que exista la sociedad, surge la prohibición del incesto, que se desglosa luego en múltiples reglas que proscriben o prescriben cierto tipo de cónyuges. Dicho de otra forma: «a partir del momento en que me prohíbo el uso de una mujer, que así queda disponible para otro hombre, hay, en alguna parte, otro hombre que renuncia a una mujer que por este hecho se hace disponible para mí. El contenido de la prohibición no se agota en el hecho de la prohibición; esta se instaura solo para garantizar y fundar, de forma directa o indirecta, inmediata o mediata, un intercambio» (Lévi-Strauss 1949: 89-90). Esta regla universal y fundacional de la sociedad encarna la regla de donación por excelencia, la que obliga a entregar a la madre, la hermana o la hija a otra persona. Se opone radicalmente al modo antisocial de conseguir las cosas por sí y para sí mismo en vez de obtenerlas de otro y para otro, procedimiento aquel típicamente incestuoso. Por eso, «el incesto es socialmente absurdo antes de ser moralmente culpable» (Lévi-Strauss 1949: 562). En una frase, la prohibición del incesto implica la condición que posibilita la existencia de todo sistema de parentesco y, en realidad, la existencia y persistencia de toda sociedad humana.

EL INTERCAMBIO, FUNDADO EN UN PRINCIPIO DE RECIPROCIDAD

La función de la universal prohibición del incesto, así como de las particulares formalizaciones del parentesco que aquella instaura y en las que se codifica, se define como una *función de intercambio* en y entre los grupos sociales. Su fin es establecer la «alianza», articulada como un sistema de donaciones y contradonaciones. Ahora bien, la función del intercambio hay que comprenderla en toda su magnitud, como un hecho social que no se reduce al intercambio de mujeres –si bien el matrimonio se puede considerar arquetipo del intercambio–. El intercambio en sí constituye un fenómeno *primitivo,* previo a las operaciones concretas en que se descompone en la vida social. El intercambio es un fenómeno *total* que incluye múltiples clases de prestaciones culturales: bienes materiales y valores sociales, entre los que destaca como el bien más precioso las mujeres. El intercambio surge y opera sistémicamente.

Dentro de ese único «proceso ininterrumpido de donaciones recíprocas», se da un tránsito continuo de un tipo a otro de transacciones: comercio, guerra, matrimonio. Los intercambios comerciales pueden entenderse en general como guerras latentes que se han resuelto pacíficamente entre los grupos. Por su parte, el intercambio matrimonial es solo «un caso particular de estas formas de intercambio múltiples que engloban los bienes materiales, los derechos y las personas; estos intercambios mismos parecen intercambiables» (Lévi-Strauss 1949: 157). Conviene subrayar que en el hecho del intercambio siempre se esconde algo más que las cosas permutadas; estas se convierten en vehículo de otras realidades psíquicas o sociales. «El juego sabio de los intercambios (...) consiste en un conjunto complejo de maniobras, conscientes o inconscientes, para ganar seguridades y precaverse contra riesgos» (1949: 93). La ley del intercambio plasma una actitud que rehúye la inseguridad y la arbitrariedad; mejor se está dispuesto a entregarlo todo con tal de no perderlo todo; es preferible congraciarse la alianza o la amistad. Tal es la finalidad que cumple la regla.

La norma fundamental que subyace al intercambio y la que, por tanto, explica la prohibición del incesto, la identifica Lévi-Strauss como *principio de reciprocidad*. Se trata de un principio omnipresente, que opera ya en la naturaleza y que rige en la cultura: dar, recibir, devolver, alternadamente. Al ritmo oscilante de tales prestaciones y contraprestaciones se van anudando los vínculos sociales. Tal reciprocidad remite a constricciones de la mente humana: «¿En qué consisten las estructuras mentales a las que recurrimos y cuya universalidad creemos posible establecer? Al parecer son tres: [1] la exigencia de la regla como regla; [2] la noción de reciprocidad considerada como la forma más inmediata en que puede integrarse la oposición entre yo y el otro; por fin, [3] el carácter sintético del don, es decir, el hecho de que la transferencia consentida de un valor de un individuo a otro transforma a estos en socios y agrega una nueva calidad al valor transferido» (Lévi-Strauss 1949: 125).

Quien da obtiene un derecho. Quien recibe contrae una obligación. Derecho y obligación que sobrepasan la cuantía de lo dado y recibido. «Lo esencial es que toda adquisición de derecho implica una obligación concomitante y que toda renuncia llama a una compensación» (Lévi-Strauss 1949: 178). La reciprocidad está presente tanto en la prohibición del incesto como en la regla de exogamia; básicamente ambas coinciden, salvo en que la primera carece de la organización que se da en la segunda; una impone la reciprocidad, y otra la regula mediante normas.

Para actuar la reciprocidad se formalizan los sistemas de intercambio, no analíticamente desde los imperativos del dar, recibir y devolver, en medio de un halo afectivo o místico, hasta concluir un montaje artificioso. No. El intercambio surge como una síntesis operada inmediatamente por el pensamiento simbólico, que, como en toda forma de comunicación, percibe las cosas como elementos del diálogo, con relación a sí mismo y al otro, lo que las hace de antemano susceptibles de pasar del uno al otro. Se introduce de nuevo la idea matriz de que también en este caso el todo del sistema precede a las partes.

También en el parentesco los fenómenos de reciprocidad se expresan estructuralmente, suponen la primacía de las relaciones sobre los términos, opuestos y correlacionados. Entre ellas, es preciso consignar una muy importante, a saber, la perenne disimetría que se muestra entre dos rangos de términos, diferenciados por su sexo; no se debe olvidar «que son los hombres quienes intercambian mujeres y no lo contrario» (Lévi-Strauss 1949: 159). No se piense en una subrepticia misoginia o infravaloración de la mujer por parte del autor, como en su día pretendió achacarle Simone de Beauvoir; se limita a los hechos. Por otra parte, destaca que las mujeres «no pueden reducirse al estado de símbolos o fichas» (Lévi-Strauss 1958: 57), ya que también son productoras de signos; y más todavía, asegura que «las reglas del juego no cambiarían si consideráramos grupos de mujeres que intercambian hombres» (Lévi-Strauss 1956: 46).

Precisamente por su dialéctica estructural, el principio de reciprocidad subsiste y se readapta siempre ante los embates de la historia, demostrando que «la contradicción aparente entre la permanencia funcional de los sistemas de reciprocidad y el carácter contingente del material que la historia pone a su disposición y que, por otra parte, rehace sin cesar, es una prueba complementaria del carácter instrumental de los primeros. Cualesquiera que sean los cambios, la misma fuerza permanece siempre en acción, y siempre reorganiza en el mismo sentido los elementos que se le ofrecen o se le abandonan» (Lévi-Strauss 1949: 116). Un principio regulador permanente somete a estructuraciones variables, pero calcadas a su imagen y semejanza, a los materiales contingentes que la historia le depara. La lógica ha de presidir los sistemas de parentesco para que lo sean. Una lógica dependiente del pensamiento simbólico, que creó la cultura en el punto de la prohibición del incesto posibilitadora de las instituciones matrimoniales. Una lógica impuesta originariamente a esas instituciones, como base indestructible, consciente o inconsciente, y recompuesta ulteriormente por el antropólogo con su estrategia de investigación.

Según la interpretación de Lévi-Strauss, la noción de intercambio (comprendido como puesta en acto del principio de reciprocidad) descubre el soporte común que fundamenta todos los sistemas de parentesco. La alianza matrimonial encarna una relación global de intercambio, no entre un hombre y una mujer sino entre dos grupos de hombres que, como sujetos, cambian entre sí esos preciosos «objetos» que son las mujeres. Para tal fin, ha debido mediar previamente la trasposición de la naturaleza a la cultura, puesto que «las mujeres no son, en primer lugar, un signo de valor social sino un estimulante natural y el estímulo del único instinto cuya satisfacción puede diferirse: el único, en consecuencia, por el cual, en el acto del intercambio y por la percepción de la reciprocidad, puede operarse la transformación del estímulo en signo» (Lévi-Strauss 1949: 102-103), un *signo* dentro del sistema significativo que constituye el parentesco, un signo cuyo valor no es innato sino que viene determinado por su posición estructural.

En consecuencia, las reglas matrimoniales, por ejemplo la prohibición de una clase de parientes como posibles cónyuges, están definidas a priori por referencia a su objeto. No es que tal o cual mujer tenga en sí misma tales o cuales rasgos que la excluyan del número de los cónyuges posibles. En sí nada lo impide. Esos rasgos excluyentes se los confiere su incorporación a un «sistema de relaciones antitéticas, cuyo papel consiste en fundar inclusiones por exclusiones, y a la inversa, porque precisamente allí reside el único medio de instaurar la reciprocidad, que es la razón de toda la empresa» (Lévi-Strauss 1949: 157-158).

Del mismo modo que el lenguaje es universal, aunque se exprese en innumerables lenguas particulares, la prohibición del incesto es también universal y los sistemas de reglas matrimoniales concretos representan otros tantos sistemas que remiten, en el fondo, a aquella forma más general de la prohibición, al tiempo que la administran culturalmente. La indeterminación instintual de la naturaleza humana solo exige como algo necesario que se dé la alianza, que tiene que haber intercambio, mientras que es la determinación cultural la que aporta indefectiblemente la modalidad concreta. La consanguinidad se ve encorsetada por la sistematización que regula la alianza.

En el origen de las reglas matrimoniales subyace siempre la ley del intercambio recíproco que constantemente se complejifica y diversifica de forma arborescente. «Sea en forma directa o indirecta, global o especial, inmediata o diferida, explícita o implícita, cerrada o abierta, concreta o simbólica, el intercambio, y siempre el intercambio es el que surge como base fundamental y común a todas las modalidades de la institución matrimonial. Todas estas modalidades pueden incluirse bajo la denominación general de exogamia (...) solo a condición de percibir, detrás de la expresión superficialmente negativa de la regla de exogamia, la finalidad que tiende a asegurar, por medio de la prohibición del matrimonio en los grados prohibidos, la circulación total y continua de esos bienes por excelencia del grupo: sus mujeres y sus hijas» (Lévi-Strauss 1949: 555-556). Aquí está la primera gran regla derivada de la prohibición más general: la exogamia. Y una nueva alusión a la «finalidad» del sistema.

La *regla de exogamia* es la expresión social de la prohibición del incesto y posee, de acuerdo con Lévi-Strauss, sus mismos caracteres formales, si bien su contenido es más positivo: hay que casarse con personas del grupo, mitad o clan extraño. «La exogamia tiene un valor menos negativo que positivo, afirma la existencia social de los otros y solo prohíbe el matrimonio endógamo para introducir y prescribir el matrimonio con otro grupo que no sea la familia biológica» (Lévi-Strauss 1949: 557). También la ley de exogamia resulta coextensiva a cualquier sociedad. La mueve el esfuerzo por conjurar los peligros que amenazan al grupo, por alcanzar los beneficios sociales de una mayor cohesión y solidaridad; «asegura la integración de las unidades parciales en el seno del grupo total y reclama la colaboración de los grupos extraños» (Lévi-Strauss 1949: 557). Puede incluso considerarse como arquetipo de la reciprocidad, al frente de todas sus demás concreciones.

A pesar de lo dicho, la relación exogamia/endogamia no es absolutamente excluyente sino solo relativamente. En toda sociedad se encuentra exogamia y endogamia, pues ambas se incluyen mutuamente al remitirse una a otra. La endogamia presupone que existe exogamia, no se le opone. Ahora bien, Lévi-Strauss distingue dos modalidades de endogamia, una verdadera y otra meramente funcional. Endogamia «verdadera» tiene lugar cuando el casamiento, aunque se efectúa fuera de la familia biológica, se practica en el seno de la misma población, o en todo caso, de la misma cultura, mientras se rechaza el matrimonio con el forastero o el extranjero. En cambio, la endogamia funcional, que puede igualmente llamarse racional, no es más que resultante inevitable del juego de la exogamia. Consiguientemente, el considerar endogamia y exogamia como instituciones equiparables «es verdad solo para esta forma de endogamia que denominamos funcional y que no es otra cosa que la exogamia vista de acuerdo con sus consecuencias. Pero la comparación solo es posible a condición de excluir la endogamia 'verdadera', que es un principio inerte de limitación, incapaz de superarse a sí mismo. Por el contrario, el análisis de la noción de exogamia es suficiente para mostrar su fecundidad» (Lévi-Strauss 1949: 89). La reciprocidad que se actualiza en la prohibición del incesto y en la regla de exogamia no suprime sino que siempre arrastra un cierto grado de incesto y de endogamia «sociales», si consideramos el ámbito de una agrupación social más o menos amplia. Pero este efecto secundario es ineludible.

Otra cuestión análoga, que atañe también a la reciprocidad, es la que plantea el binomio poligamia/monogamia. La tendencia a la *poligamia* se encuentra en todos los hombres profundamente arraigada, «de modo que, en nuestra opinión, la monogamia no es una institución positiva: constituye solo el límite de la poligamia en sociedades en las cuales, por razones muy diferentes, la competencia económica y sexual alcanza una forma aguda» (Lévi-Strauss 1949: 74). Sin embargo, dada la escasez de mujeres disponibles, la institución poligámica se suele convertir en raro privilegio del que goza exclusivamente el jefe tribal o, en cualquier caso, una minoría privilegiada. El funcionamiento de la reciprocidad en este caso lleva al grupo a permutar la seguridad individual, proporcionada por la monogamia, por la seguridad colectiva que aporta la organización política. Sigue dándose, pues, una relación de intercambio mutuo que busca un balance equilibrado.

EL MATRIMONIO Y SUS ESTRUCTURAS ELEMENTALES

Las multiformes sistematizaciones que reglamentan el matrimonio corresponden a otras tantas modalidades o variantes de la institución universal que suponen siempre la prohibición del incesto. Estas modalidades se apoyan, según la demostración de Lévi-Strauss, sobre una base fundamental, consistente en «cierta estructura lógica». «Detrás de los sistemas concretos, geográficamente localizables y que evolucionan a través del tiempo, existen relaciones más simples que ellos, las cuales permiten todas las transiciones y todas las adaptaciones» (Lévi-Strauss 1949: 205). Las relaciones más simples, como en cualquier sistema, adoptan la forma de pares de oposiciones: donadores de mujeres y receptores de mujeres, mujeres adquiridas (esposas) y mujeres cedidas (hermanas, hijas), vínculos de parentesco (consanguinidad) y vínculos de alianza (afinidad), filiación patrilineal y matrilineal, residencia patrilocal y matrilocal, linaje paralelo y cruzado, en serie consecutiva y en serie alternativa; etc. Aquí se encuentran los datos fundamentales a partir de los cuales se ha de construir la explicación: dualidad, oposición, simetría, alternación.

Tales relaciones simples encajan y se ensamblan en la *estructura global* de las formas elementales de intercambio matrimonial, cuya validez es «casi» universal, pues de ella dependen sistemas dispersos por toda la tierra. La estructura global aporta el sistema de esos sistemas junto con las leyes de transformación que entre ellos se establecen.

Antes de seguir, conviene aclarar alguno de los conceptos que estamos manejando. Los *primos* pueden ser, pese al mismo grado de consanguinidad, de dos clases: *paralelo*, o hijo del hermano del padre, o bien de la hermana de la madre (con ellos suele prohibirse el matrimonio, y a veces se les llama «hermanos»); y *cruzado*, hijo de la hermana del padre, o bien hijo del hermano de la madre (entre ellos es posible el matrimonio). Según la combinación, los primos cruzados resultan ser: *patrilateral*, es decir, hijo de la hermana del padre; *matrilateral*, o hijo del hermano de la madre; y *bilateral*, cuando es a la vez las dos cosas anteriores.

Tipos de *filiación*: Pueden ser *unilineal* (patrilineal, matrilineal), es decir, que solo reconoce vínculo social entre el niño y uno de sus progenitores, sea el padre, sea la madre; según Lévi-Strauss, nunca se da un unilinealismo completo. La *bilineal* ofrece la fórmula más generalizada, que reconoce ambos linajes. Hay además una filiación *indiferenciada*, pero es muy rara, dada la universalidad de la familia conyugal.

Tipos de *residencia*: La *patrilocal*, cuando la esposa se va a vivir donde el marido; y la *matrilocal*, cuando el esposo se va a vivir donde la mujer.

Todas estas nociones son pertinentes para explicar las estructuras elementales del parentesco, aunque se dan también otras complejas. Nos ceñimos ahora a la tipología fundamental; recogiendo ya los resultados conseguidos por Lévi-Strauss, se reduce a tres formas elementales del matrimonio:

A. Matrimonio *bilateral* = entre primos cruzados bilaterales.

B. Matrimonio *patrilateral* = entre primos cruzados patrilaterales.

C. Matrimonio *matrilateral* = entre primos cruzados matrilaterales.

Estas son las tres únicas estructuras *elementales* de parentesco posibles. En su construcción intervienen *dos* formas de intercambio, formas simples:

1º. *Intercambio restringido*: corresponde al matrimonio bilateral. Este comporta la escisión del grupo en dos secciones –o en múltiplo de dos– que intercambian mujeres. Y se caracteriza por su organización de régimen «no armónico», también llamado estable cuando la filiación es patrilineal, la residencia es matrilocal; y, a la inversa, cuando la filiación es matrilineal, la residencia es patrilocal.

2º. *Intercambio generalizado*: abarca tanto el matrimonio patrilateral como el matrilateral. Se establece entre cualquier número de grupos. Su carácter peculiar es la organización de régimen «armónico» o inestable. Un régimen armónico puede elegir –ya se sobreentiende– un sistema de matrimonio patrilateral o bien matrilateral, pero no bilateral. De manera que, si el modo de filiación es patrilineal, la residencia es patrilocal; si matrilineal, matrilocal.

Es el principio de reciprocidad el que se plasma en estas formas de intercambio y en aquellas estructuras matrimoniales que engloban el «matrimonio entre primos cruzados». En él, aparece claro cómo se ha impuesto el orden cultural a las posibilidades biológicas, por el hecho de que discrimina radicalmente dos clases de primos, paralelos y cruzados, que cuentan con un mismo grado de proximidad consanguínea. En segundo lugar, la discriminación se adentra en la misma clase de los primos cruzados, diferenciando, por un lado, la hija del hermano de la madre (tipo matrilateral), y por otro, la hija de la hermana del padre (tipo patrilateral), y por último, la que es simultáneamente hija del hermano de la madre y de la hermana del padre (tipo bilateral). La razón de tales inclusiones y exclusiones, abstraídas del factor biológico, se encuentra en la *ley de intercambio* que instaura sistemas de oposiciones de índole estructural, compelidos en último término por la prohibición del incesto.

A. El matrimonio bilateral

El matrimonio con la prima cruzada bilateral depende del intercambio restringido. Su funcionamiento implica la división del grupo en dos secciones, o en múltiplo de dos (principio dualista). Logra establecer la reciprocidad, no por el método de las relaciones, sino por el método de las *clases* matrimoniales mediante el que se determina el cónyuge. La esposa es prima bilateral –ya se entiende–, a la vez hija de tío materno y de tía paterna.

A este prototipo matrimonial corresponde el gráfico que sigue, tomado de Jean Cuisenier (1974: 173):

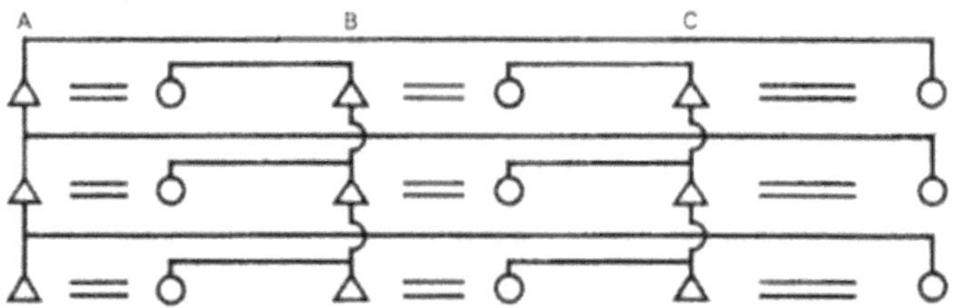

Las modalidades concretas de esta estructura elemental varían según el número par de tipos que se baraje. La de *dos mitades* divide por dos el conjunto de cónyuges posibles. De este se pasa al sistema de *cuatro secciones* sin que se modifiquen necesariamente las reglas del matrimonio, como ocurre cuando se transforma en un sistema de *ocho subsecciones*; este excluye un número doble de cónyuges posibles que las mitades o las secciones. («Las secciones de los esposos constituyen un *par*; la sección del padre y la sección de los hijos constituyen una *pareja*; por fin, la sección de la madre y la sección de sus hijos constituyen un *ciclo*. Siempre hay cuatro pares: AB y CD, BA y DC; cuatro parejas : AD y BC, CB y DA; por fin, cuatro ciclos: AC, BD, CA, DB» (Lévi-Strauss 1949: 206).) Esas tres modalidades representan los sistemas australianos clásicos: «Estos tres sistemas presentan una estructura fundamental y que permanece igual a pesar de la diferencia del número de clases. Ese carácter común, propio de los tres sistemas, puede formularse del siguiente modo: Sea la clase considerada una mitad, una sección o una subsección, siempre el matrimonio se adecua a la regla: si un hombre A puede casarse con una mujer B, un hombre B puede casarse con una mujer A. Entonces existe reciprocidad en el seno de las clases (...) A los sistemas que presentan este carácter, y sea cual fuere el número de clases, los denominamos *sistemas de intercambio restringido* y con ello señalamos que estos sistemas solo pueden hacer funcionar mecanismos de reciprocidad entre dos grupos participantes o entre un múltiplo de dos» (Lévi-Strauss 1949: 228).

Pueden existir otros sistemas que ocupen una posición intermedia entre los de cuatro y ocho clases. El intercambio puede progresar haciendo intervenir cada vez más grupos... Y como ya he señalado, su régimen de transmisión es no armónico o «disarmónico».

En suma, aquí tenemos un modo de intercambio directo, una reciprocidad inmediata dentro de un sistema global. La cadena de intercambio resulta nula. Su fórmula es: $A \rightleftarrows B$.

B. *El matrimonio patrilateral*

Más allá del intercambio restringido, acabado de bosquejar, Lévi-Strauss analiza y verifica otro patrón menos inmediato de reciprocidad que denomina intercambio *generalizado*; este evita el riesgo de que dos familias o linajes se aíslen socialmente, al bastarse a sí mismos en una sucesión indefinida de intermatrimonios; de ahí que se elaboraran fórmulas más complejas de exogamia. El supuesto del intercambio generalizado es asumir un riesgo, pero, en compensación, multiplica el número de ciclos en los que se participa y las oportunidades de salir ganando. Su condición inicial es igualitaria, pese a lo cual genera consecuencias aristocráticas, desigualdades, a medida que ensancha los ciclos de intercambio, hecho que contradice inevitablemente las bases del propio sistema y amenaza desmoronarlo. No obstante, el intercambio generalizado facilita la integración de grupos heterogéneos al tiempo que la diferenciación dentro de una sociedad homogénea. En frase de Lévi-Strauss, «posee una gran fecundidad como principio regulador» y permite lograr «una solidaridad más ágil y eficaz» (1949: 517). Este principio de intercambio generalizado es el que opera tanto en el matrimonio patrilateral como en el matrimonio matrilateral.

En concreto, el matrimonio con la prima cruzada patrilateral instituye el intercambio entre tres o más grupos participantes; se vale del método de *relaciones* –no de clases matrimoniales– para determinar el cónyuge. La esposa ha de ser hija de la hermana del padre. Aquí la reciprocidad se difiere, pero en cierto modo resulta directa, al cambiar la dirección del intercambio de una generación a otra (fórmula discontinua). Da lugar a una serie ilimitada de sistemas particulares y de ciclos cortos de intercambio, es decir, estrechos y aislados; la estructura es cerrada: A → B; A ← B. En una generación, A entrega mujeres a B; en la siguiente, las recibe.

Aunque clasificado dentro del intercambio generalizado, este matrimonio patrilateral constituye más bien una modalidad intermedia entre el intercambio restringido y el intercambio generalizado, que sirve de enlace entre ellos.

C. El matrimonio matrilateral

El matrimonio con la prima cruzada matrilateral pertenece estrictamente al intercambio generalizado y se establece entre un número cualquiera de grupos participantes en el circuito de prestación y contraprestación de mujeres. La esposa se elige por el método de relaciones, no de clases; y ha de ser hija del hermano de la madre. En este saso, la estructura es abierta e introduce la forma de reciprocidad más alta. Mediante operaciones a largo plazo, que exigen gran margen de confianza en que la compensación se recibirá a su tiempo, la cadena del intercambio, indirecto, se dilata en el seno de un sistema global (fórmula continua), promoviendo muy eficazmente la integración de los grupos. Funda un ciclo largo, cuya fórmula sería: A → B → C ... → A. Un hombre A se casa con una mujer B; un hombre B se casa con una mujer C; C, con *n*; y finalmente, *n* con A. He aquí la más flexible de las estructuras elementales del parentesco.

Las tres formas elementales de intercambio matrimonial, que preceden, hay que considerarlas como modelos teóricos. En la realidad, se ven afectadas por muchos factores accidentales, o incluso por un entrecruzamiento de sistemas. Con todo, constituye la manera más simple de explicación: los sistemas de intercambio restringido y generalizado no se pueden reducir a otros sistemas más elementales.

EL INTERCAMBIO RESTRINGIDO Y EL INTERCAMBIO GENERALIZADO

El intercambio matrimonial restringido tropieza con dificultades para funcionar al mismo tiempo y coherentemente entre los grupos locales y entre las generaciones y clases de edad, además de otras limitaciones. Mientras tanto, el intercambio generalizado emplea la especulación por medio de la cual complejifica y enriquece el grupo social. Los sistemas reales, sin embargo, nunca presentan una modalidad u otra en estado rigurosamente puro. Ambas aparecen mezcladas. Más aún, es posible examinar una serie de variantes intermedias cuyo prototipo hemos identificado, un poco más arriba, con el matrimonio patrilateral.

El hecho es que, de acuerdo con Lévi-Strauss, se produce una conversión desde el intercambio generalizado hasta el restringido, una convergencia entre el régimen armónico y el disarmónico, o lo que es igual, una evolución desde los sistemas unilaterales —matrilateral, patrilateral— hacia el bilateral. De tal manera que el generalizado coincide con el restringido y expresa su forma más inteligible. Cada uno entraña un coeficiente del otro. Los polos extremos de la oposición, indisociables, se incluyen mutuamente, al menos incoscientemente, ya que las sociedades humanas nunca abstrajeron un sistema idealmente puro, «siempre pensaron el intercambio generalizado por oposición con —y entonces al mismo tiempo asociado con— la fórmula patrilateral, cuya intervención latente y cuya presencia subyacente les otorgaba un elemento de seguridad, ante el cual ninguna sociedad se mostró lo suficientemente audaz como para liberarse totalmente de él» (Lévi-Strauss 1949: 530). La atracción por los sistemas de ciclo corto o nulo encarna la tentación de invertir el ciclo de reciprocidad, es decir, la tentación del incesto en un sentido social. De ahí que, por doquier, convivan el intercambio generalizado, el restringido y otras formas alógenas: «Cada sistema es simple y coherente; pero siempre está acosado por otros sistemas fundados sobre principios que les son extraños (...) Las tres estructuras elementales del intercambio: bilateral, matrilateral y patrilateral, siempre están presentes en la mente humana, por lo menos bajo una forma inconsciente, ya que no puede evocarse una de ellas sin pensarla en oposición –pero también en correlación– con las otras dos» (Lévi-Strauss 1949: 540). En definitiva, todas las formas más complejas se reducen en el fondo a estas formas elementales, y se entiende que proceden de ellas por medio de combinaciones y transformaciones.

LA TRANSICIÓN HACIA ESTRUCTURAS COMPLEJAS

Nunca ha sugerido Lévi-Strauss que fueran universales las formas simples del parentesco, sino solo que es significativa su frecuencia. Su obra *Las estructuras elementales del parentesco* iba, en efecto, íntegramente dedicada al examen de las estructuras elementales, pero dejando la puerta abierta a otras más complicadas cuyo estudio no ha emprendido posteriormente. Pero sí ofrece algunas pistas.

Las estructuras complejas del parentesco se comprenden como desarrollo a partir de las elementales. La reciprocidad se vuelve, en ellas, más simbólica. Se fundamentan en una prohibición del incesto concretada en un ínfimo número de prescripciones negativas, y en la libre elección de cónyuge. Surgen, de hecho, como respuesta o solución a las contradicciones inherentes al intercambio generalizado. Intervienen criterios de nobleza, o riqueza... Así, por ejemplo, el matrimonio por compra, que resulta compatible con cualquier forma de intercambio, supera muchas dificultades y proporciona una fórmula agilizada de integrar los azares de la historia dentro de «las estructuras lógicas que elabora el pensamiento inconsciente» (Lévi-Strauss 1949: 326), conjurando así los peligros que desde fuera amenaza al sistema. En otras latitudes, en cambio, se utiliza otro recurso: frente al riesgo de hipergamia y de regresión a la endogamia que aqueja a ese intercambio generalizado, se introduce una fórmula de arbitraje por la que se puede dar la hija a un hombre de rasgo inferior e incluso elegido libremente por ella (matrimonio «swayamvara», del que ya se hablaba en el *Mahābhārata*). Tal fue el camino que condujo definitivamente al sistema europeo.

Si consideramos el matrimonio europeo moderno como modalidad de estructura compleja, comprobamos que sus rasgos fundamentales son: 1) *Libertad de elección* de cónyuge, exceptuando los grados más próximos de consanguinidad y sin ordenar nada positivamente; 2) *igualdad de los sexos* a la hora de aceptar la unión, lo que supone reconocimiento del derecho femenino; y 3) *emancipación de la familia,* lo que hace que el contrato sea entre los individuos en vez de entre los grupos (cfr. Lévi-Strauss 1949: 544). No son, sin embargo, las estructuras complejas las únicas que posibilitan un margen de libertad para la elección conyugal. También en las elementales, incluso en el sistema más prescriptivo, cabe alguna libertad de elección al poder haber más de un individuo que reúna las condiciones requeridas para optar al casamiento con una determinada mujer.

Por otro lado, las nociones de «estructuras elementales» y «estructuras complejas» –señala Lévi-Strauss– son de índole heurística, instrumentos para la investigación, y nunca bastan para explicar un sistema. La verdad es que todo sistema imaginable contiene un núcleo elemental: la prohibición del incesto. A partir de ahí, todo significa complejificación. Existen, claro está, sistemas intermedios entre el elemental y el complejo, o articulando ambos. Pero el problema crucial que actualmente se plantea y del que pende el futuro de la antropología es este: «¿Debemos incluir las sociedades modernas en nuestra esfera de investigación? Y, si la respuesta es afirmativa, ¿debemos tratar de aplicar a estas sociedades el mismo marco conceptual que tan fructífero ha sido para el estudio de las sociedades más simples?» (Lévi-Strauss 1966: 71). Mientras no se aclare esta cuestión, quedará irresuelto el enigma de la naturaleza del parentesco. Si efectivamente la teoría del parentesco pudiera aplicarse a las sociedades más avanzadas, el marco conceptual de los estudios del parentesco tendría que sufrir una revolución tan grande como la de la mecánica cuántica con respecto a la kepleriana. La nueva teoría abarcaría e integraría el modelo mecánico de los impedimentos matrimoniales, por una parte, el modelo estadístico que daría cuenta de las regularidades y tendencias de los factores imprevisibles, por otra, y por último, la relación con la terminología.

Solo después de explorar esa selva virgen –para el etnólogo– de las sociedades modernas, llegaremos a saber qué es el parentesco, más allá del arcaico ensueño de la humanidad que imagina su felicidad en burlar la ineluctable ley social del intercambio, en recibir sin dar, tal como se proyecta en el mito sumerio de la edad de oro y en el mito andamán de la vida futura.

EL ÁTOMO DE PARENTESCO ES YA COMPLEJO

Al intentar una teoría de las actitudes, de los sistemas de reciprocidad, en el parentesco, uno de los primeros problemas que aparece es el de *avunculado* (avúnculo = tío por parte de madre). La persona del tío materno suele ir asociada a un importante papel social, frecuentemente, en sociedades primitivas. Se muestra ahí cómo ciertos rasgos naturales se seleccionan para combinarlos estructuralmente. En este caso, para constituir la estructura más simple, el elemento o *átomo de parentesco*. Este, en efecto, no es la familia conyugal o biológica (padre, madre, hijos), como pudiera parecer, sino la interrelación entre dos términos o familias biológicas: la correlación de un marido, una mujer, un hijo y un miembro del grupo que entregó esa mujer –su hermano–.

La estructura se apoya en cuatro términos «unidos entre sí por dos pares de oposiciones correlativas y tales que, en cada una de las dos generaciones implicadas, existe siempre una relación positiva y otra negativa. Ahora bien, ¿qué es esta estructura y cuál puede ser su razón? La respuesta es la siguiente: esta estructura es la más simple estructura de parentesco que pueda concebirse y que pueda existir. Es, hablando con propiedad, 'el elementode parentesco'» (Lévi-Strauss 1958: 44-45).

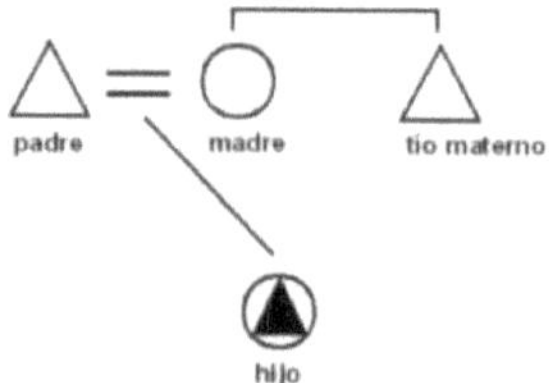

Las relaciones entre los cuatro términos dan un sistema global de cuatro pares articulados así:

A: tío materno / hijo de la hermana (sobrino)
B: hermano / hermana
C: padre / hijo
D: marido / mujer

Ahora hay que combinar estas relaciones con los tipos de actitudes. Simplificando mucho, estas actitudes se pueden tasar en dos, a saber, actitud espontánea, de intimidad («+»), y actitud reservada, de hostilidad («−»). Es verdad que Lévi-Strauss completa el cuadro de las actitudes elementales en una clasificación cuatripartita: dos bilaterales, una de afecto mutuo y otra de intercambio recíproco; y dos unilaterales, una de derecho exigido y otra de obligación adeudada. Sin embargo, siguiendo su ejemplo, optamos por operar aquí solo con aquella simplificación provisional de actitudes. Resulta –y la experiencia lo confirma– que «la relación entre avúnculo y sobrino es a la relación entre hermano y hermana como la relación entre padre e hijo es a la relación entre marido y mujer. De tal manera que, conociendo un par de relaciones sería siempre posible deducir el otro par» (Lévi-Strauss 1958: 41). Esta ley puede formalizarse, como muestran los diagramas siguientes:

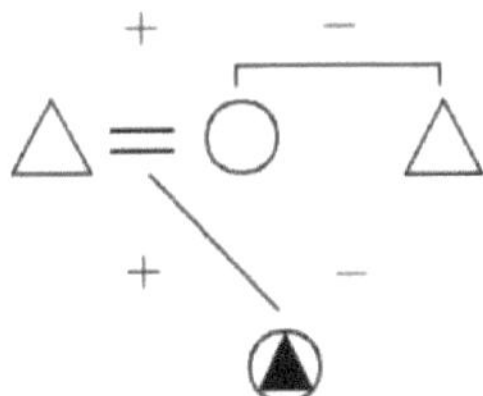

Circasiano, patrilineal

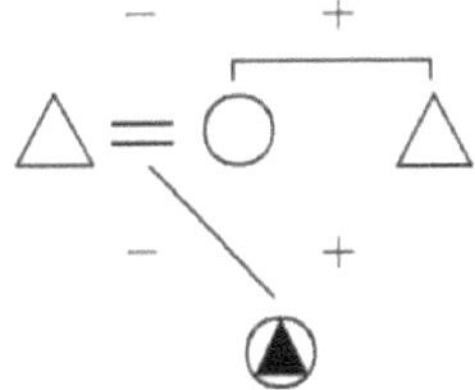

Trobriandés, matrilineal

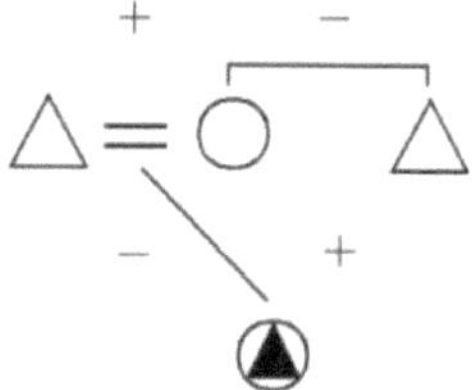

Tonga, patrilineal

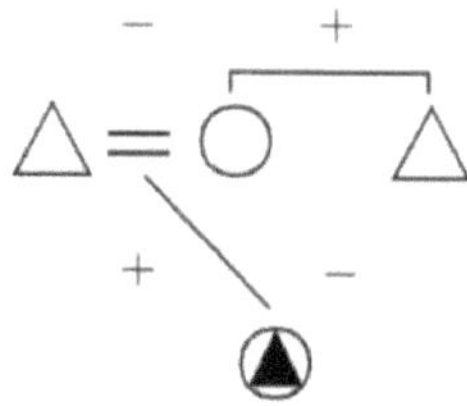

Sivai, matrilineal

En el sistema *circasiano* (patrilineal): A+/B+ = C–/D–
En el sistema *trobriandés* (matrilineal): A–/B– = C+/D+
En el sistema *tonga* (patrilineal): A+/B– = C–/D+
En el sistema *sivai* (matrilineal): A–/B+ = C+/D–

Traducido en otras palabras: ocurre que, cuando el papel del tío materno es ser afectuoso con el sobrino, el padre se muestra severo con el hijo; y cuando el padre tiene un trato afectuoso con el hijo, el tío materno adopta una pauta autoritaria. La primero suele producirse dentro del régimen *patrilineal*, donde el avúnculo desempeña una función de «madre masculina»; mientras que lo segundo acontece en el régimen *matrilineal*.

Teórica y prácticamente, la relación avuncular representa el corolario inmediato de la prohibición del incesto, resorte que dispara la apertura de la familia biológica (exogamia) instaurando la sociedad. El avunculado se presenta como el eslabón clave; el tío materno es la condición misma de la estructura atómica del parentesco, pues lo común es que «para que un hombre obtenga una esposa es preciso que se la ceda directa o indirectamente otro hombre que, en los casos más simples, está respecto a ella en posición de padre o hermano» (Lévi-Strauss 1973:

104). Si lo pertinente es el sistema de relaciones, el tío materno define la más simple función de donador de mujer.

Por lo demás, el elemento del parentesco que hemos hallado permite conjugar y articular, con la máxima economía, la triple relación constitutiva del parentesco: la de *consanguinidad* (hermano-hermana), la de *alianza* (esposo-esposa), y la de *filiación* (progenitor-hijo).

Con base en el átomo de parentesco, término a su vez de una red mucho más amplia, se construyen otras estructuras más complejificadas que pueden derivarse por medio de transformaciones. Se da lugar a otra especie de átomo «pesado» que, sin embargo, «continúa satisfaciendo las tres condiciones requeridas por nuestra hipótesis inicial, a saber: 1) que una estructura elemental de parentesco reposa en una relación de alianza por el mismo título que en relaciones de consanguinidad; 2) que el contenido de la relación avuncular es independiente de la regla de descendencia; y 3) que en el seno de esta estructura, unas actitudes que se oponen entre sí (y que, para simplificar, se pueden calificar respectivamente de positivas o negativas) forman un conjunto equilibrado» (Lévi-Strauss 1973: 116). A pesar de todo, la institución del avunculado no es universal, por muy extendida que esté. Frente a esta objeción, Lévi-Strauss propone dos hipótesis: que cuando el sistema se compone por yuxtaposición de estructuras elementales, el avunculado aparece manifiestamente; y que cuando el sistema se edifica por complejificación, la relación avuncular –omnipresente– deja de ser dominante y se desdibuja.

Cuando se pretende, sin verdadero fundamento, que unas formas heteróclitas de convivencia constituyen una «familia», o que cualquier clase de relación de pareja, sin otras condiciones, puede instituirse en «matrimonio», se está procediendo de manera arbitraria, puesto que debería estar claro que no todo grupo doméstico puede insertarse legítimamente en el sistema de parentesco. Hay personas que viven juntas por muy diversos motivos; pero en la medida en que la estructura y la función de la relación de convivencia caiga fuera de las redes de intercambio del parentesco en sentido propio, ya no se puede hablar allí de «matrimonio», ni de «familia» (desde una antropología coherente). Solo cabe hacerlo en un sentido impropio, traslaticio, metafórico, en una palabra, equívoco. Sobre todo, en sociedades donde hay otros principios de organización social aparte de los del parentesco, donde se ha desarrollado el derecho y son posibles múltiples figuras jurídicas adecuadas a los diferentes hechos y situaciones, tampoco parece que fuera imprescindible establecer unos derechos con la fórmula del «matrimonio», introduciendo así una innecesaria confusión conceptual, tipológica y terminológica.

CAPÍTULO 3

LA ARTICULACIÓN BIO-CULTURAL

¿En qué consiste la complejidad? En líneas muy generales, la complejidad tiene que ver con la evolución del universo, la vida y la humanidad, en la medida en que las estructuras de la materia van produciendo formas más organizadas. Pero ¿qué tienen en común un concepto de complejidad matemático, físico, biológico, psicológico, cultural? Caben y se dan de hecho muchas definiciones. El físico teórico Murray Gell-Mann pone la complejidad en relación con los sistemas adaptativos complejos, que se encuentran «implicados en procesos tan diversos como el origen de la vida, la evolución biológica, la dinámica de los ecosistemas, el sistema inmunitario de los mamíferos, el aprendizaje y los procesos mentales en los animales (incluido el hombre), la evolución de las sociedades humanas» (Gell-Mann 1994: 35). Las distintas modalidades de sistemas adaptativos complejos tienen en común que funcionan adquiriendo información de su entorno, con el que interactúan, de modo que captan en él regularidades, las asimilan en forma de esquemas, mediante los cuales adaptan el propio comportamiento en el mundo real, en un proceso retroactivo y selectivo constante. Lo propio de los sistemas adaptativos complejos, por diferentes que sean, está en que todos procesan información de algún modo.

En pocas palabras, se puede decir que «la complejidad efectiva de un sistema está relacionada con la descripción de sus regularidades por parte de otro sistema adaptativo complejo que lo esté observando» (Gell-

81

Mann 1994: 67). De manera que la complejidad constituye una propiedad intrínseca del sistema —el esquema que lo regula—, pero al mismo tiempo, implica la presencia del sujeto que conoce: que elabora el esquema, de menor o mayor magnitud informativa, utilizado para la descripción.

En otros autores y contextos, se apuntan caracterizaciones del pensamiento complejo que difícilmente se prestan a una sistematización, aunque sea posible percibir en ellas cierto aire de familia. En el sentido etimológico y metafórico, lo complejo es «lo que está tejido junto», y también la *unitas multiplex*, la multidimensionalidad de lo real, la interretroacción entre orden-desorden-organización; las relaciones antagonistas, concurrentes y complementarias entre componentes o entre sistemas; la dialógica entre dos o más principios lógicos; la organización recursiva y la autoorganización; el principio hologramático; el retorno del sujeto observador-conceptuador (cfr. Edgar Morin 1986). La complejidad se manifiesta en los procesos caóticos, la causalidad no lineal, la emergencia de nuevas estructuras, la emergencia de comportamientos cooperativos, la emergencia de propiedades sistémicas no reducibles a las propiedades de los componentes, los grados de libertad de un sistema, la articulación entre diferentes niveles de la realidad, la coexistencia de múltiples posibilidades, la imposibilidad de un único nivel de explicación, etc. En cualquier caso, lo complejo aflora y se incrementa en sistemas que se hallan en estado de no equilibrio en los que surge un orden, donde «la no linealidad de los mecanismos de interacción, en determinadas condiciones, da lugar a la formación espontánea de estructuras coherentes» (Prigogine 1983: 255). En momentos de inestabilidad, ciertos acontecimientos críticos pueden precipitar el sistema, amplificando una fluctuación, hacia una reestructuración imprevista. Quizá todos los sistemas sean complejos, en todas las escalas, por respecto a sus elementos integrantes, pero la complejidad aparece, sobre todo, lejos del equilibrio, entre el azar y el determinismo, generando mutaciones e innovaciones que son incorporadas por la evolución.

La complejidad surge cuando el todo de un sistema no se reduce a ser la simple suma de las partes que lo componen, sino que, debido a la colaboración entre componentes, resulta «algo más». Observamos una fenomenología insospechada, aunque conozcamos las propiedades de los elementos constituyentes. Por consiguiente, la noción de complejidad alude al carácter emergente de ciertas propiedades de los sistemas físicos, biológicos y antroposociales. Y a la vez se refiere a las herramientas conceptuales adecuadas para la descripción de tales sistemas. De ahí la importancia de adoptar un punto de vista que reconozca las propiedades de los sistemas complejos y que aplique al estudio de su organización los instrumentos teóricos de las ciencias de la complejidad.

No debemos entender la complejidad como una doctrina, pues no comunica ningún mensaje. Ni siquiera proporciona un método estrictamente tal, pues no sustituye a los métodos de análisis especializados. Más bien, constituye el pensamiento en instancia crítica que detecta las insuficiencias, simplificaciones y reduccionismos epistemológicos de cualquier signo. Apunta a un paradigma que empuja a complejificar nuestro conocimiento, para inteligibilizar mejor la estructura de la realidad. Pues bien, esta es precisamente la perspectiva que me he propuesto adoptar en esta reconsideración del sistema de parentesco humano: este no se puede reducir a explicaciones unilaterales de tipo biológico, ni de tipo sociológico, ni de tipo psicológico, puesto que se constituye en la articulación de esos planos, en la dialógica que hace emerger una estructura compleja y un comportamiento igualmente complejo, que cumplen funciones diversas al mismo tiempo en todos los niveles.

LA HIPÓTESIS SOBRE LA COMPLEJIDAD DE LA ORGANIZACIÓN FAMILIAR

Casualmente, en 1949, se publicaron dos obras fundamentales sobre la organización del parentesco: *La estructura social*, de George P. Murdock, y *Las estructuras elementales del parentesco*, de Claude Lévi-Strauss. La problemática venía de antiguo en antropología social, y aún persiste en la actualidad. Hasta el punto de que, al cabo de sesenta años, se ha acometido una revisión crítica de algunos aspectos de la teoría estructuralista del parentesco, en un número especial de *Sciences Humaines*, dedicado al centenario Lévi-Strauss (cfr. Barry 2008b).

Los debates de todo este tiempo en torno a la universalidad de la institución familiar se zanjaron, a través de estudios comparativos de cientos de sociedades y de casos al parecer nuevos, como los *kibutzim* israelíes, con la respuesta afirmativa: todas las sociedades humanas generan familias, a través de reglas de intercambio y, mediante las familias, se regenera o reproduce la propia sociedad. El caso de la retractación del antropólogo cultural Melford E. Spiro (1959: 67-73), antiguo negacionista, resulta bien elocuente en orden al reconocimiento de que el matrimonio y la familia son universales. Aunque todavía haya quien imagine «una vida social en la que la familia ya no existe» (Kathleen Gough 1973: 153), con tan escaso fundamento como esta misma autora postula, un párrafo antes, que la sociedad de clases y el Estado van a desaparecer, porque ya existen para ello las bases tecnológicas y científicas. A la vista está... Parece que no hemos aprendido nada desde las especulaciones decimonónicas de Engels a propósito de la familia, la propiedad privada y el Estado.

Ahora bien, si pretendemos entender el parentesco o la familia, no vale con quedarnos en el plano de la observación biográfica, en la experiencia de los acontecimientos de la vida particular, pues así estaríamos dejando fuera del campo de visión las estructuras sistémicas que están en juego, dando cauce y sentido a tales acontecimientos. En toda vida social, subyacen estructuras que hacen efectivo y significativo el proceso del acontecer empírico.

He centrado mi investigación en la hipótesis de que el parentesco humano constituye una organización específica, en la que se opera una articulación bio-cultural. El parentesco no consiste solo en elementos biológicos, o más exactamente genéticos, ni tampoco únicamente en los determinantes sociales o culturales. Las relaciones familiares se constituyen y desarrollan en la interfaz entre el plano biogenético y el sociocultural, dando lugar a la formación del sistema complejo que denominamos parentesco. De alguna manera, el comportamiento biológico es regulado culturalmente, al mismo tiempo que la existencia de una norma cultural viene exigida por la genética de la especie.

No se puede negar que en los diferentes esquemas de comportamiento que se pueden observar en las manadas de los primates se encuentran ciertas analogías con lo que acontece en las relaciones familiares de las sociedades humanas. Sin embargo, en todo el mundo animal, incluidos los simios actuales, no se puede afirmar con un mínimo de rigor que se dé un verdadero sistema de parentesco, al estar constitutivamente ausentes la cultura, el lenguaje y la historia, en sentido propio. El sistema de parentesco específicamente tal solo emerge en la interfaz biocultural, y es característico y exclusivo de la humanidad.

La historia de las sociedades humanas nos documenta una inmensa variedad de formas de organización familiar y matrimonial. Esta enorme diversidad evidencia que carece de sentido hablar de «familia natural», como una forma concreta de comportamiento propia de la especie humana. Si acaso, lo específico es que toda en sociedad humana hay alguna clase de familia, un sistema de parentesco. La naturaleza humana prescribe que tiene que haber una organización de parentesco, pero no cómo ha de ser. La universalidad de la familia no implica la de ninguna fórmula concreta. Esta primera comprobación sitúa el problema de la familia en el plano de la organización sociocultural, de la que forma parte, y de la evolución histórica a la que pertenecen sus mutaciones.

El hecho es que *la sociedad es anterior a la familia* y no a la inversa. Es un requisito que haya al menos dos familias que puedan intercambiar socialmente y establecer una alianza matrimonial, para que se cree una familia. En la perspectiva de Lévi-Strauss: «Lo primero no es la familia, sino el intercambio: 'Si no hubiese intercambio no habría sociedad'. Pero la prioridad lógica del intercambio plantea un problema. Si la admitimos, ya no puede basarse la explicación de la sociedad en la familia. Ya no hay un fundamento natural. Hay que buscarlo en otra parte» (Bertholet 2003: 441). El intercambio supone la preexistencia de los socios que intercambian y de las reglas a las que se atienen. El parentesco supone en sí mismo la existencia de la institución cultural.

Si el parentesco humano no se reduce a lo «natural», menos aún se debe concebir como algo sobrenatural. Las instituciones de parentesco son muy anteriores en el tiempo a la institucionalización religiosa. No parece que la familia dependa de la religión, aunque luego las instituciones religiosas establezcan ritos relativos al matrimonio y normas de la vida familiar. De hecho, en todas las grandes religiones, la historia nos muestra una transformación de las formas familiares según épocas y lugares. Lo mismo ocurre en la historia del cristianismo. De ahí que no tenga fundamento bíblico ni exegético ni teológico hablar de una forma peculiar o un prototipo de «familia cristiana»; de la misma manera que no hay una «economía cristiana», una «democracia cristiana», o una «medicina cristiana» (salvo como una denominación impropia, típica de la ideología de algún período). Para conocer qué es la familia y explicar la diversidad de sus formas, hay que analizar las condiciones sociales complejas en las que la estructura familiar está sometida a toda clase de presiones y desafíos a los que trata de dar respuesta.

El parentesco constituye una creación cultural e histórica. No se refiere a la compartición de unos mismos genes, ni al hecho biológico del engendramiento, aunque los implique. La proximidad genética es solo un elemento que se articula en alguna de las relaciones de parentesco. Pero ni siquiera basta que se dé transmisión genética, pues esta tiene que ser *reconocida* socialmente, mediante unas *reglas* que implican la instauración de relaciones de alianza y afinidad.

Por otro lado, la estructura del parentesco ha estado y está al servicio de las más diversas funciones, en los muy dispares entornos prácticos de las sociedades humanas. No obstante, sería disparatado atribuir todas esas funcionalidades a lo constitutivo del parentesco. Este, inserto en el sistema sociocultural, se caracteriza por alguna estructura y función específica, que a su vez puede ser utilizada para otras operaciones adaptativas. ¿Cuál es la especificidad constitutiva del sistema de parentesco humano propiamente dicho? ¿Cuáles sus estructuras y procesos? ¿Cabe crear una tipología?

El plano genético y el plano cultural

Para entender el parentesco es necesario comprender a la vez los genes y la cultura, no por separado sino conjuntamente. No hay que concebir un abismo, sino una interfaz bio-cultural. Para mayor precisión, tampoco hay que confundir lo biológico y lo genético. Lo primero es más amplio que lo segundo. Lo genético está *dentro* de lo biológico, en el ADN celular y mitocondrial. Pero lo cultural también está *dentro* de lo biológico: en el cerebro; aunque está también *fuera*, en la organización de la sociedad.

De modo que el comportamiento biológico no depende solo de los genes, sino también de la información cultural. Los genes no dependen de la cultura. La estructura biológica concreta depende básicamente de los genes, pero en parte también de las interacciones del organismo con el sistema socioecológico y sociocultural.

El sistema de parentesco propiamente tal no se encuentra en la naturaleza, aunque tenga un anclaje en ella, no se reduce a términos de biología ni de genética. Tiene que ver con la doble transmisión de genes y de cultura, en el marco de la evolución bio-cultural. La naturaleza aporta elementos básicos constantes, como el dimorfismo sexual/genital, el apareamiento, la fecundación, el parto, la diferencia de edad, la necesidad de crianza, los impulsos biopsicológicos propios de la naturaleza humana, la reproducción y regeneración poblacional.

Como señaló Lévi-Strauss, el parentesco no nace solo de las relaciones de filiación y consanguinidad, limitadas al plano biológico, sino de una alianza social de familias.

Una sociedad humana es, ante todo, una población de la especie, una realidad biológica. Al distinguir un plano *social*, sin aludir a una entidad diferente, se destaca el modo de organización y funcionamiento humano de la población. Pero, si la familia nunca es cuestión solo de zoología, de herencia biológica solamente, tampoco es algo exclusivamente cultural. Se trata de un sistema complejo bio-cultural. Surge en la interacción entre herencia y ambiente, entre genotipo y cultura.

El sistema de parentesco tiene un pie en la naturaleza, pero es el efecto de una codificación cultural. A la inversa, no es solo un código cultural, sino que se sirve de contenidos y diferencias naturales y sociales, abordando problemas a los que proporciona una solución: problemas económicos, sexuales, reproductivos, educativos, alimentarios, políticos, etc. De ahí que su cometido sea multifuncional. Aunque queda por aclarar si tiene una estructura propia e irreductible.

Es preciso señalar que no todas las relaciones sociales son relaciones de parentesco. Hay relaciones sociales que no están basadas en él. Entonces, ¿qué condiciones ha de cumplir una relación social humana para formar parte del sistema de parentesco en un contexto dado? La respuesta a esta pregunta requiere resolver antes otra cuestión, a saber, qué se entiende propiamente por *parentesco*.

Para entenderlo, nos aproximaremos poco a poco, tratando de describir sus rasgos y estructuras. El parentesco es una matriz de relaciones multidimensional, que sitúa a las personas en una trama de derechos y obligaciones mutuos. La familia forma un nudo local de la red compleja del parentesco. Y su fundación y núcleo lo constituye el matrimonio. El parentesco alude a una modalidad de relaciones sociales, entre otras que se pueden basar en otros principios ajenos al específico del parentesco. Hemos de aclarar también qué no es estrictamente parentesco.

El parentesco no se reduce a la relación de consanguinidad. No es un dato de la biología, sino requiere otros factores constitutivos que, como he dicho, no se dan fuera de la humanidad. El sistema de parentesco no se encuentra en la naturaleza extrahumana. Es el efecto de una codificación cultural. Pero, por otro lado, no se puede reducir solo a un código cultural, puesto que se sirve de contenidos y diferencias biológicas (sexuales) y de contenidos sociales (reproductivos, económicos, alimentarios, educativos, etc.); y viene exigido por problemas sociales específicos a los que proporciona una solución razonable. De manera positiva, la antropología concibe que las relaciones que configuran el parentesco son alianza, consanguinidad y afinidad combinadas entre sí.

El parentesco es un sistema que articula diversas clases de interacciones y relaciones tipificadas, en general con una nomenclatura peculiar: cónyuge, madre y padre, hijo, nieto, hermano, primo, tío, sobrino, nieto, abuelo, cuñado, yerno y nuera, etc. Puede ser muy variable tanto la nomenclatura como el significado y la función de cada término. Además, un mismo individuo resulta polifacético, algo camaleónico, pues cumple a la vez varias de tales relaciones con sus funciones asociadas. Las asume *simultáneamente*: uno mismo es a la vez hijo, hermano, sobrino, nieto, bisnieto, padre, tío, abuelo... Pero también las va asumiendo *sucesivamente*: pasa de ser hermano a ser tío de los hijos de sus hermanos; de soltero a casado, al contraer matrimonio; de hijo a padre y, más tarde, a abuelo...

En general, las personas humanas nacen dentro de una red de relaciones parentales o familiares. No obstante, de hecho pueden reproducirse fuera de esa red. Puede haber reproducción sin parentesco, porque —insisto— el parentesco no debe confundirse con la relación biológica de procreación o la transmisión de genes. Esto último ocurre siempre en el seno de una población, en el seno de la especie humana considerada desde el punto de vista zoológico, pero no necesariamente dentro del sistema de parentesco. Este tiene que ver con hechos biológicos y genéticos, sin duda, y pretende regularlos, pero no se funda en ellos exclusivamente. Un determinado sistema parental puede no reconocer como hijo a uno engendrado fuera de las normas; o puede reconocer como hijo a alguien adoptado y sin proximidad genética. Con excepción de la humana, que en todas partes regula el parentesco, todas las demás especies vivas se reproducen sin necesidad de un sistema de parentesco. El campo del parentesco llega hasta donde se desvanece el reconocimiento de la familia, de tales personas como familiares o parientes. Queda constituido por la red donde se instituyen relaciones de alianza entre las familias y se generan nuevas familias o estas se prolongan en el tiempo, transmitiendo a la vez su patrimonio genético y su patrimonio cultural (económico, político, lingüístico, etc.), de generación en generación.

La articulación clave en este tejido de relaciones la encontramos en la *alianza*, en el *matrimonio*, que no se basa en la proximidad genética (la consanguinidad más bien suele ser un impedimento) y que, no obstante, se convierte en la pieza clave para el establecimiento de todas las restantes relaciones de parentesco, que derivan de la alianza matrimonial, y para la aplicación de la terminología o nomenclatura correspondiente.

El parentesco, por tanto, es una creación sociocultural: para aliarse es condición necesaria no ser pariente (o no serlo en determinado grado y modo; por ejemplo no ser primo paralelo). Mediante la alianza se llega a serlo, o a serlo más estrechamente.

Como creación compleja bio-cultural, el parentesco tiene en cuenta algunas relaciones que lo preceden (de orden biológico y social), las selecciona, distinguiéndolas y oponiéndolas, y las utiliza para instaurar su propio código, sometido a reglas coherentes entre sí y con las condiciones de la sociedad y su reproducción.

La proximidad genética, que a veces se llama «parentesco natural», indica la coincidencia en un porcentaje de genes por la participación en la herencia de un linaje. Indica que determinados individuos comparten un porcentaje del mismo genotipo o patrimonio genético individual (como es sabido, los padres con los hijos y los hermanos entre sí coinciden en un 50%; los nietos con los abuelos, en un 25%, etc.). Aunque es evidente que este hecho ha sido desvelado por la genética, fue casi siempre entrevisto por las distintas sociedades bajo otros prismas, como el «parentesco carnal», la «misma sangre» o grados de consanguinidad. Ahora bien, la proximidad genética no es el dato que da origen al parentesco, sino que es la alianza (que más bien exige, por la regla de exogamia, que haya cierta lejanía genética) la que origina como *consecuencia* suya la proximidad genética. El contenido biológico del parentesco es, por tanto, algo subsiguiente a la instauración del parentesco mediante la alianza matrimonial, de la que normalmente se engendrarán hijos, descendientes de ambas familias o linajes aliados. Estas adquieren así proximidad genética, o grados de semejanza debidos a la participación en cierto porcentaje de los mismos genes, con las personas de esos hijos catalogados por ambos linajes aliados como sobrinos, nietos, etc.

La relación de *alianza* mediante el matrimonio encauza y confiere entidad a la relación de filiación y de consanguinidad (proximidad o participación genética, los vínculos «carnales», por ejemplo, padre-hijo, hermano-hermano, tío-sobrino, abuelo-nieto, etc.); y también determina todas las formas y grados de afinidad contemplados en un sistema de parentesco determinado (las relaciones «políticas», por ejemplo, suegro-yerno, suegro-nuera, entre cuñados, entre concuñados, entre consuegros, etc.).

Hay, pues una prioridad lógica y fáctica de la relación de alianza con respecto al establecimiento de todas las demás relaciones del sistema, que de ella derivan. Constituye el pivote en torno al cual giran. Es el acontecimiento que organiza todo el campo, incorporando a la red de parentesco las relaciones no solo con los ascendientes y los descendientes, sino también con los colaterales y los afines.

La pertenencia a la familia y el lugar que el individuo ocupa en ella determinan una multiplicidad de relaciones con respecto a otras familias y a sus componentes. La alianza matrimonial, que da origen a cada familia, abre cauce a extensión de la *consanguinidad* (por la reproducción, filiación, transmisión genética) y, al mismo tiempo, instaura los lazos de *afinidad* (los parientes «políticos» o no consanguíneos).

Por consiguiente, el parentesco entrelaza relaciones fundadas en la consanguinidad con otras que, mediante el matrimonio, se basan en la alianza o la afinidad. La filiación, ascendencia, descendencia y otras (hermandad, primazgo, tiazgo/sobrinazgo, abuelazgo/nietazgo) son formas de relación basadas en la consanguinidad, es decir, en la compartición de un porcentaje de la herencia de genes: del 50, el 25, el 12,50 por ciento del genotipo.

El suegro/suegra con respecto al yerno/nuera tienen una relación no consanguínea; pero también es verdad, mirando desde la generación anterior a la siguiente, que tienen descendientes comunes (nietos e hijos respectivamente) con los que comparten un porcentaje de su patrimonio genético y, por tanto, resultan en algún grado «consanguíneos» *a posteriori* e indirectamente, puesto que lo son con respecto a unos mismos individuos descendientes.

Los cuñados entre sí tampoco son consanguíneos, en principio, pero sus hijos, que son primos entre sí, sí comparten un porcentaje de genes (un 25%). Aquí no hay un descendiente común a los concuñados, pero los descendentes de un lado y del otro cuentan con un grado de consanguinidad (genotipicidad) compartida. Cada uno de los concuñados puede considerar que aquel que lleva la mitad de sus genes –su propio hijo– comparte a la vez un porcentaje de sus genes con el hijo del otro (los hijos de uno y otro son primos hermanos, que comparten entre sí un 25% del genotipo). Así resulta que la afinidad y la consanguinidad no son totalmente ajenas la una a la otra, puesto que existe una vinculación indirecta entre ellas, que implica una referencia genética aunque sea mediata, indirecta y diferida. Quienes son aliados (no consanguíneos) entre sí tienen cada cual como consanguíneos a otros, más o menos cercanos en línea de descendencia, directa o colateral, que son consanguíneos entre sí.

Según la teoría antropológica de Lévi-Strauss, la alianza matrimonial se efectúa entre linajes o familias, al efectuarse un intercambio entre ellas, por intermediación de los cónyuges; si esto es así, entonces el concepto de *alianza,* referido estrictamente al matrimonio, no se restringe a él, a una alianza entre los cónyuges, puesto que sus efectos se extienden en realidad al conjunto de los parientes de cada cónyuge, los llamados afines. Estos se vuelven también «aliados» en un sentido más amplio, en virtud del enlace matrimonial; contraen parentesco, emparientan, pasan a ser familiares de alguna clase y en algún grado. El parentesco se constituye, así, como una *emergencia* de la articulación entre estos dos tipos de relación, que son la alianza y la consanguinidad, siendo condición la primera (de índole sociocultural) para garantizar la continuidad de la segunda (de naturaleza biosocial).

En un momento dado y sea cual sea el individuo que tomemos como punto de partida, la red del parentesco no se extiende indefinidamente. El ámbito del parentesco tiene unos límites difusos, que se hallan allí donde deja de reconocerse al otro como pariente, sea como consanguíneo o como aliado; con más exactitud, el límite del parentesco se encuentra allí donde deja de haber una interacción basada en las exigencias o consecuencias de la alianza.

La escala psicoindividual

Ya ha quedado claro que el componente biogenético no basta para que haya un sistema de parentesco. La genitalidad, el sexo, el intercambio de recombinación de genes, la consanguinidad, la herencia mendeliana, la filiación o la reproducción demográfica son factores que están presentes, pero sometidos a una regulación y una funcionalidad social. Por su parte, las reglas de alianza, el intercambio de cónyuges entre linajes, el reconocimiento público, la cohabitación, la crianza, la cooperación económica y los derechos y deberes estipulados socialmente se imponen a lo biológico y lo canalizan; aunque cada uno de estos elementos por separado puede darse sin llegar a constituir parentesco. Por otro lado, el componente sociocultural tampoco basta. No hay parentesco puramente social. Las relaciones sociales de reproducción implican lo biogenético. Algo parecido cabe decir de los ingredientes que operan a escala de la experiencia individual: la relación de afectividad, el erotismo, el cariño, o el vínculo personal se incluyen, pero por sí solo el componente psicológico tampoco basta para crear parentesco. Así, un amante o un amigo íntimo no se convierte por ello en pariente.

A contrapelo del tópico, el afecto amoroso no es la razón determinante que origina el matrimonio. Con respecto a este, el afecto puede ser antecedente o consecuente, y ni siquiera es imprescindible, en algunas sociedades, para cumplir con las estipulaciones matrimoniales. Y, por descontado, los afectos se dan espontáneamente, al margen de la institución matrimonial y sin ninguna vinculación con ella. De hecho, hay múltiples formas de satisfacción erótica, sexual y afectiva, e incluso de transmisión genética, que circulan fuera de los cauces conyugales que, por consiguiente, no pertenecen al ámbito familiar.

En cualquier caso, es necesario que las disposiciones e interacciones individuales se inscriban en el sistema de escala social. El matrimonio resulta de una combinación que articula todos los componentes (genéticos, sociales y psíquicos) y cumple todas las funciones al mismo tiempo, generando una regulación sociocultural a la que obedece. De la alianza emerge el parentesco, en la medida en que el sistema de parentesco regula las alianzas mediante principios de organización propios. Lo mismo que hay un código de la lengua, sin el que no hablaríamos nada coherente, existen códigos culturales para los comportamientos relativos a la reproducción social. En el plano psicológico, canalizan la afectividad y la vinculación con respecto a los parientes y allegados, quienes precisamente son reconocidos como tales en virtud de esos códigos.

LOS PARÁMETROS UNIVERSALES DEL SISTEMA DE PARENTESCO

La antropología utiliza una terminología del parentesco especializada, que se suele explicar en cada caso. Pero quizá sea oportuno recordar algunas de las nociones más básicas. *Parentesco*: Vínculo entre dos o más personas por consanguinidad, afinidad, matrimonio o adopción. *Parentela*: El conjunto de parientes de alguien. *Parental*: Perteneciente o relativo a los padres o a los parientes. *Consanguinidad*: Parentesco próximo y natural de una o más personas que descienden de un mismo antepasado. *Afinidad*: Parentesco que mediante matrimonio se establece entre cada cónyuge y los parientes por consanguinidad del otro. *Linaje*: Ascendencia o descendencia de cualquier familia. *Familia*: Conjunto de ascendientes, descendientes, colaterales y afines de un linaje. *Afín*: Pariente por afinidad (suegro, yerno, nuera, cuñado, consuegro, concuñado, tío político, sobrino político). *Colateral*: Pariente consanguíneo que no lo es por línea directa (hermano, primo hermano, primo segundo, etc.; tío, sobrino, tío abuelo, sobrino nieto, etc.). *Hermano carnal*: Que tiene el mismo padre y madre. *Hermano consanguíneo*: Que lo es de padre solamente. *Hermano uterino*: Que lo es de madre solamente. *Hermano bastardo*: Nacido fuera del matrimonio. *Cognado*: Pariente consanguíneo por línea femenina, que desciende de un linaje común de hembra en hembra. *Agnado*: Pariente consanguíneo por línea masculina, que desciende de un linaje común de varón en varón. *Avúnculo*: Tío materno, es decir, hermano de la madre. *Chozno*: Hijo de tataranieto, nieto en cuarta generación.

Para explicar antropológicamente el parentesco, se han formulado hipótesis teóricas muy diversas, entre las que cabe destacar las siguientes:

A. La teoría popular de la consanguinidad, que puede considerarse la más convencional, frecuentemente plagada de incoherencias y con poco valor científico.

B. La reformulación genética de la consanguinidad, o teoría genética del parentesco, que en último extremo termina en un reduccionismo genético al modo de Richard Dawkins en su obra *El gen egoísta* (1976). También se alinea aquí la «selección de parentesco» como selección de genes y la «teoría de la familia» de base biológica defendida por la sociobiología humana (Wilson 1998: 249-250).

C. Las teorías antibiológicas, que se deslizan hacia un reduccionismo culturalista y que basan el parentesco en un principio de solidaridad, o de identidad, en una mera norma social. Así, Emmanuel Désveaux (2008a), en su crítica al estructuralismo de Lévi-Strauss, cuestiona la importancia de la consanguinidad. Mientras que el antropólogo norteamericano David M. Schneider rechazaba todo fundamento biológico, hasta su posterior retractación en *Crítica del estudio del parentesco* (1984).

D. Las teorías que insisten en la filiación, en la línea de ascendencia y descendencia, como eje temporal, generacional, con respecto al cual cada pariente se sitúa, se clasifica, ocupa un puesto de la red de relaciones, tomando como referencia antepasados comunes y descendientes comunes (reales o posibles). El matrimonio anuda la red de relaciones que se va tejiendo a lo largo del tiempo: Uno es hijo de tal, hermano de tal, marido de tal, padre de tal… Así lo entiende Françoise Héritier (2008). A partir de ahí, es posible el reconocimiento de la existencia de parentesco, por mucho que varíen sus formas y grados, y atribuir un significado y una funcionalidad a cada posición.

La tesis aquí defendida sostiene que es necesario un concepto complejo de la organización del parentesco, que conecte los diferentes niveles de descripción, atendiendo a las relaciones entre el todo y el comportamiento de sus componentes. Para ello, resulta más convincente el enfoque teórico que abarca y combina las implicaciones biológicas (relaciones de consanguinidad por línea directa y colateral) y las implicaciones sociales (relaciones de alianza y de afinidad), aunque sea discutible el papel que desempeñan determinados factores concretos, como la evitación del incesto, la exogamia, o el intercambio. En el orden humano, lo social es intrínsecamente biocultural. El parentesco constituye una red biocultural, que se activa interconectando relaciones en la sucesión generacional anterior y posterior, en el plano colateral y en el entrecruzamiento de linajes distintos por obra del matrimonio. De esta manera, opera como un filtro que orienta los itinerarios por los que van transitando las generaciones a lo largo del tiempo. El parentesco surge de una *combinación sistémica* de componentes biológicos, sexuales, jurídicos, sociales, culturales y psicológicos, que dota a ciertas relaciones humanas de propiedades o funciones específicas. Sin esa estructura, no se produce parentesco en las relaciones. El parentesco es un fenómeno de naturaleza colectiva, consecuencia de comportamientos individuales (pero no de escala individual) que se encuentran sometidos a precisas reglas de escala social. Estas imponen un código sociocultural para la organización de la convivencia doméstica y la reproducción, que, con invariantes y variables, se expresa en la producción de relaciones sociales básicas, llevando a cabo una adaptación a los distintos contextos sociales.

Imaginemos una plantilla neutra de relaciones genealógicas, fundadas en la descendencia biológica a lo largo de las generaciones. El parentesco no se restringe a la transmisión lineal de genes, porque en cada generación incide un cónyuge-progenitor procedente de otra línea de transmisión. Además esta especie de «sinapsis» se halla sometida a regulaciones perfiladas culturalmente, como la prohibición del incesto, las reglas de exogamia, las estipulaciones de la alianza matrimonial, las normas para el cuidado de la prole, etc. De los diversos perfiles resultan los diversos sistemas de matrimonio, familia y parentesco, concebibles y observables, como variantes de una estructura invariante y universal. El cuadro siguiente presenta una aproximación a una estructura que incluye los *componentes universales del parentesco*, cada uno de los cuales es susceptible de adoptar formas diferentes como propiedades del modelo. En conjunto, se trata de un código familiar/parental, que se puede traducir a otros códigos vividos o pensados y que regula la producción de acontecimientos: relaciones, servicios y cosas, así como las condiciones mismas de su propia reproducción.

ESTRUCTURA UNIVERSAL DEL PARENTESCO	
CONSTANTES	FORMAS VARIABLES
Dimorfismo sexual	división sexual de tareas y papeles
Evitación del incesto	parientes incluidos y excluidos
Reglas de exogamia	matrimonio preferencial, concertado, libre elección
Tipo de intercambio	restringido, generalizado, complejo
Legitimación social de la alianza	ritual; ceremonia; registro oficial; reconocimiento público
Deberes, derechos y privilegios	sexuales, económicos, sociopolíticos, etc.
Residencia posmarital	patrilocal; matrilocal; neolocal; uxorilocal; virilocal
Amplitud familiar	extensa; nuclear; monoparental; número de hijos
Filiación: linaje	matrilineal; patrilineal; ambilineal; bilateral
Crianza y educación	maternal; paternal; ambos; avuncular; vicaria
Reglas de herencia	sucesión; propiedad; casa; título; apellido; etc.
Compatibilidad con otro matrimonio	familia monogámica; familia poligámica
Disolubilidad del matrimonio	vínculo indisoluble; separación; divorcio

En la práctica, el funcionamiento del sistema de parentesco quizá se reduce a unos algoritmos simples, en general correspondientes a pautas concretas de acción (como evitar determinado tipo de pariente, casarse con la hija del tío materno, atenerse al acuerdo entre las familias, elegir libremente al cónyuge, etc.). Las estrategias individuales se sirven normalmente de las estructuras existentes, que a su vez son ya plasmación de estrategias muy refinadas y contrastadas en la experiencia a lo largo de mucho tiempo.

El dimorfismo sexual procede de la naturaleza

El punto de partida se encuentra en la naturaleza y consiste en el dimorfismo sexual y en el proceso de reproducción de la especie, sabiendo que esta última es inseparable de la reproducción social. Por eso, en todas las dimensiones operan *principios de organización* que suponen necesariamente, pero no reflejan sin más, hechos biológicos. Un mismo grado de consanguinidad o proximidad genética puede aparecer investido de distinta significación: puede caer, o no, bajo la prohibición del incesto; puede estar marcado, o no, como cónyuge preferencial; se le prescriben, o no, deberes especiales con relación a otro; se le atribuye, o no, derecho a la herencia de bienes, títulos, etc.

Por su lado, el hecho de la relación sexual ha de distinguirse con toda claridad de su institucionalización en determinada forma de convivencia que se sirve del dimorfismo y la complementariedad sexual para fundar la familia, si bien esta articula también otras relaciones, como la filiación, la consanguinidad y la afinidad, caracterizadas precisamente por excluir la relación sexual. Françoise Héritier cifra en el dato de «la diferencia de los sexos» (2008: 85), la invariante más profunda de la que hay que partir para comprender el parentesco. En efecto, sin el dato de la diferencia biológica no puede existir matrimonio, ni parentesco, ni reproducción, pero tampoco basta con su puesta en juego fuera de las reglas sociales. De ahí que siempre se encuentren restricciones impuestas por encima las posibilidades dadas por la naturaleza, cuyo sentido mira al buen funcionamiento del orden social humano. Lo cual no equivale a decir que tales reglas no puedan ser transgredidas de facto, en casos concretos, lo cual evidentemente ocurre a veces, a pesar de estar sancionado negativamente por la sociedad.

Para entender adecuadamente lo esencial que constituye el sistema parentesco es necesario comprender el puente que articula los planos entre la biología y la cultura. El parentesco no consiste en un mero dato o resultado de la selección natural, independiente de la selección cultural, ni tampoco es una norma meramente social que se pone, o se cambia, en plan constructivista. La articulación se ha vuelto intrínseca, de tal modo que «privado de su fundamento en la biología, el parentesco no es nada» (David M. Schneider 1984).

En las sociedades propiamente humanas, en contra de ciertas hipótesis que se han demostrado falsas, nunca hubo fases de «promiscuidad primitiva», ni «matrimonio de grupo» (Lévi-Strauss 1983: 61), como tampoco hubo en ninguna sociedad conocida un régimen de «matriarcado», basado en el poder político de las mujeres o en el derecho materno, pese a lo que postularan Johann J. Bachofen y otros evolucionistas, en el siglo XIX (sería un error confundir un sistema de filiación matrilineal con un matriarcado).

En toda sociedad conocida, primitiva o actual, encontramos el imperativo de buscar pareja fuera del círculo familiar más estrecho, aunque puede adoptar múltiples formas variables; siempre hay una organización de parentesco que impone su regulación y que gira en torno al matrimonio. De manera universal se da una prohibición que excluye como posibles cónyuges a ciertos parientes próximos, en general los miembros del mismo grupo doméstico, delimitando así el campo de aquellos que podrán ser cónyuges, sea de manera preferente, o pactada por la familia, o por libre elección. La transgresión de dicha prohibición se denomina incesto y suele estar ampliamente penalizada. ¿Cómo se explica la conducta de evitación del incesto?

Entre las hipótesis que han propuesto los antropólogos desde el siglo XIX, se pueden deslindar cuatro grupos. Unos, como Lewis H. Morgan y Henry Maine, atribuyen la prohibición a una *reflexión social* sobre el fenómeno natural de las taras resultantes de las uniones consanguíneas. Otros, como Edward Westermarck o Havelock Ellis, creen que sería efecto de una *repugnancia natural* hacia al incesto, es decir, hacia la relación sexual con personas con las que se ha convivido estrechamente. Otros, como John F. McLennan, John Lubbock y Émile Durkheim, suponen que estaría originada exclusivamente por una *regla social*, fijada por distintos motivos según las sociedades. Por último, otros autores como Claude Lévi-Strauss, creen que no basta una explicación exclusiva o predominantemente por causas naturales ni por causas culturales, sino que se trata de una interacción en la cual se produce el *paso* de la naturaleza a la cultura, nace la sociedad humana, basada en el *intercambio*, como se explicó en el capítulo anterior.

En años recientes, los sociobiólogos y psicólogos evolucionistas han rescatado la teoría del «efecto Westermarck», cuya prueba estaría en el hecho observable de que los niños que se han criado juntos durante los primeros años de vida (por ejemplo, en los *kibutzim* de Israel) carecen luego de interés entre ellos a la hora de buscar pareja. Lo mismo ocurriría con la evitación de los parientes cercanos, que son emocionalmente rechazados como consecuencia de la coexistencia cercana vivida con ellos desde muy pequeños y que actuaría como factor inhibidor (cfr. Wilson 1998: 256-266). No obstante, la validez de la teoría de Westermarck fue impugnada por Marvin Harris (1988: 415-417). Por lo demás, este tipo de proceso psicológico no contradiría en absoluto la tesis del intercambio como generador de sociedad, sino que más bien revela uno de sus mecanismos, que propicia la ampliación de las relaciones sociales. Pero entonces la explicación se desplaza más claramente hacia las ventajas sociales y culturales de la exogamia, tal como señala el propio Harris.

Por lo tanto, aunque ocurra que la existencia previa, ya reconocida, de una relación social próxima esté relacionada con el rechazo de otro tipo de relación (como la sexual y la matrimonial), la razón estribaría en que buscarla fuera obvia una endogamia problemática en pro de una exogamia prometedora. La aversión hacia el incesto se deriva de una doble constatación, pues comporta un aspecto *intelectual* (la percepción de la coherencia de la organización social del parentesco) y un aspecto *emocional* (la vivencia de la cohesión de grupo o las relaciones de familiaridad). De manera que, cuando alguien ocupa un puesto determinado y claramente establecido en el sistema (un padre o una madre, un hijo, un hermano, etc.), resulta chocante alterar la relación preestablecida y significativa, investida con un papel consolidado, al objeto de convertirla en lazo conyugal. Tal eventualidad produciría contradicciones, cortocircuitos en la línea de filiación y desorden en el sistema de relaciones sociofamiliares, pensadas, vividas y prácticas. Tal vez por eso, en caso de posiciones algo menos cercanas (primos, sobrinos, etc.), la exclusión es menos rígida; entonces, una relación de parentesco periférica puede reconvertirse en una céntrica como es la matrimonial, en ciertos contextos donde esta estrategia aporta ventajas sociales comprobables. Como sentenció Lévi-Strauss, el incesto es socialmente absurdo antes de ser moralmente culpable.

Una vez descartados como posibles cónyuges determinados parientes muy cercanos, queda abierto el espacio de la regulación o desregulación de la búsqueda de pareja para el matrimonio fuera del grupo doméstico, es decir, de forma exogámica.

Al obligar a la exogamia, el parentesco opera como un sistema de intercambio social, que crea (y es creado por) una red de relaciones entre familias, a las que adscribe a los individuos, instaurando reglas que tienen en cuenta las diferencias biológicas de sexo —y edad, a veces—. Estas reglas establecen el estatuto de varios tipos de relaciones: la de alianza matrimonial, las de filiación, las de consanguinidad y las de afinidad, mediante códigos de prohibiciones y prescripciones, inclusiones y exclusiones, derechos y deberes, tendentes a un equilibrio del sistema entre individuos, familias y sociedad, entre los cuales se dan complementariedades y antagonismos. El sistema de intercambio sufre constantes inestabilidades, pero a la vez proporciona los medios para buscar un punto de equilibrio en las interacciones fundamentales.

Las relaciones de parentesco se constituyen en el juego de reglas epigámicas para la reproducción, mediante alguna clase de alianza, que supone de hecho un intercambio entre linajes o entre familias (en último término, entre las personas de los contrayentes). El intercambio instaura una trama de obligaciones mutuas, que miran muy en especial a garantizar un estatuto a la descendencia.

Algunos antropólogos sostuvieron que, en el caso de la sociedad tradicional de los Nayar de Kerala (India), no existía el matrimonio, al no observarse una convivencia estable de la pareja ni un cuidado paterno de la prole. Sin embargo, un examen atento de los hechos lleva a la conclusión de que el matrimonio se daba efectivamente, pero que la situación de guerra permanente impedía los maridos vivir en casa con la mujer. Allí, el sistema de parentesco suplía esa ausencia mediante el desplazamiento de algunas funciones a otros parientes por línea materna, que se encargaban de la alimentación y la educación de los niños. En todo caso, el padre era socialmente conocido.

Laurent Barry, autor de *La parenté* (2008a), lleva a cabo una revisión de la teoría del intercambio lévistraussiana y pone objeciones a la validez universal del intercambio, es decir, a la extensión de la teoría más allá del intercambio «restringido» y «generalizado», a los sistemas de tipo «complejo», que además son los más frecuentes. Ofrece como ejemplo el de los antiguos atenienses, que permitían el matrimonio con la hermanastra de padre, no de madre; o el llamado matrimonio árabe, que consiste en casarse con la hija del hermano del padre. En ambos casos parece que no se da intercambio entre linajes diferentes sino más bien una clausura del linaje sobre sí mismo (Barry 2008b: 18). Pero no me parece del todo convincente que tales hechos invaliden la hipótesis del intercambio, aunque sea cierto que en casos extremos como esos su alcance sea mínimo.

El intercambio sigue presente, no necesariamente entre linajes o entre familias extrañas, y cumpliendo una función hacia el exterior, sino que la cumpliría hacia el interior (minimizando el ámbito de la evitación del incesto), estrechando los lazos de facciones dentro del propio linaje (como pueden ser el otro matrimonio del padre o la familia del tío paterno). Habría que estudiar qué razones concurren para querer prevenir de ese modo el debilitamiento de los efectos de una alianza anterior o el distanciamiento de un parentesco colateral. Al reiterar en la siguiente generación una alianza matrimonial muy próxima, se aumenta quizá exageradamente el grado de cohesión y emparentamiento, pero continúa habiendo dos partes que intercambian, por mucho que el campo de la exogamia se haya reducido hasta el límite. Solo una abolición completa de la exogamia conllevaría la desaparición del intercambio.

Una refutación similar se puede oponer a Gamella y Martín (2008), que se adhieren al cuestionamiento de la teoría de la alianza como intercambio. Basta con entender que el «sistema de intercambio» comporta una doble función no excluyente: establecer lazos de parentesco y también reforzarlos; pactar y estrechar el pacto. En ambas situaciones, se persigue como objetivo el valor de la alianza: incorporar nuevos aliados al núcleo familiar, con la expectativa de obtener las consecuencias sociales favorables que de ella derivarán.

Barry, por su parte, prosigue argumentando que «existen muchas sociedades donde la manera en que las gentes conciben sus lazos de parentesco no se explica por la obligación de intercambiar o de hacer circular mujeres entre grupos» (Barry 2008b: 18), por lo que la mayor parte de los sistemas de parentesco del mundo no se apoyarían en un dispositivo de intercambio matrimonial y carecerían de toda lógica de intercambio. Argumenta que existe incluso un caso, el de los Na de China, que desconocen la paternidad y el mismo matrimonio. Ante tales alegaciones, hay que caer en la cuenta de que se nos está ofreciendo la perspectiva *emic*. Pero esa manera endocultural en que los protagonistas lo conciben no impide que de facto, piensen lo que piensen, estén intercambiando contrayentes (así como también intercambian genes procedentes de una parte y de otra), e igualmente que observen algún comportamiento como progenitores. Más aún, el propio Barry nos facilita una clave, al afirmar que, en cualquier caso, «todos tienen en común prohibir a ciertos parientes». Pues esta es la condición que determina la necesidad del intercambio, que no hay por qué interpretar literalmente «entre linajes». En realidad, caben otras escalas de intercambio, siempre que se eluda la endogamia.

Tampoco parece muy acertado deducir del plano ideológico de una rara sociedad donde, al parecer, no se considera el matrimonio o la paternidad, pero donde reconoce que «hay prohibiciones sexuales y la idea de parentesco está muy presente» (Barry 2008b: 18), una teoría de que el parentesco existe no solo sin intercambio, sino con independencia del matrimonio. Pienso que habría que seguir la pista de esas «prohibiciones sexuales» para encontrar las modalidades en que se da, en ese parentesco tan presente, la práctica del intercambio, el matrimonio y la paternidad, en lugar de salir por la tangente postulando una interpretación posmoderna del parentesco como «identidad común entre generaciones», algo que distingue a un «nosotros» fundado en un «sentimiento del parentesco» que tienen todas las sociedades. Semejante mistificación ideológica arroja a un completo oscurantismo la explicación de las fórmulas organizativas de las que ese mismo sentimiento depende.

Fruto y prueba del intercambio es el hecho de obtener descendientes que comparten entre sí una porción de genes. Pero ¿cómo es concebible que, sin idea de genética ni de herencia biológica, e incluso, a veces, sin tener una noción clara de que entre los hijos y sus padres haya consanguinidad o algún parecido (cfr. Désveaux 2008b: 15), las sociedades humanas hayan organizado su sistema de parentesco de modo que favorezca el tener descendientes que comparten entre sí una porción de los mismos genes? Tal vez podría bastar la percepción (no necesariamente explícita en el plano consciente) de que ciertos descendientes de uno lo son a la vez de otras personas que –por esta razón– se convierten en parientes o aliados. En general, la nomenclatura de parentesco contribuye a facilitar esta percepción. Y no es imprescindible postular ninguna consanguinidad directa (que el hijo o el nieto se parezca a uno mismo), sino tan solo identificar una línea genealógica o de descendencia, respecto a la cual cada uno ocupa una posición y establece una relación determinada.

Desde ese punto de vista, la permisión del incesto haría totalmente confusa la descendencia. En cambio, la alianza exogámica aparece como un método para organizar la descendencia y controlarla. De ahí que el intercambio, sin ofrecer una fórmula concreta universal, se encuentre siempre operativo, asignando los puestos que se ocuparán dentro del sistema constituido mediante el matrimonio. La alianza matrimonial crea el nudo más fuerte desde el que se teje una red más amplia de alianzas. Un pariente, más allá del consanguíneo, es un aliado de algún tipo, reconocido como tal en virtud de la posición que ocupa con referencia a una alianza que prolonga líneas de descendencia. Y esto ocurrirá sea cual sea el modo como se produzca el matrimonio. No tiene mucho sentido oponer la «elección individual» al intercambio, como hace Françoise Héritier (2008: 85), a no ser que nos obcequemos en la formulación literal de «hombres que intercambian mujeres», un tanto superficial en la medida en que se fija en los actores en vez de en el sistema.

Por lo demás, quizá no haya que vincular tan directamente el tabú del incesto y el mandato del intercambio. Pueden no ser, sin más, el anverso y el reverso, porque cada uno obedezca a sus propias reglas y motivos. A pesar de todo, la prohibición señala el campo que queda libre para el juego de intercambios y alianzas. Y a la inversa, la lógica o la estrategia de las alianzas puede ser la que delimite el alcance de las relaciones que se tienen por incestuosas o endogámicas. La «lógica general propia de los sistemas de parentesco» continúa siendo la de la alianza, que requiere mecanismos de intercambio, a condición de reformularla considerando diferentes escalas donde opera y distintas funciones que ha de cumplir, a fin de optimizar el grado de parentesco socialmente reconocido.

De las relaciones de parentesco solo hay una que tiene que ver directamente con la reproducción biológica, y es la relación conyugal, constitutiva del matrimonio, aunque no quepa reducirla a un hecho biológico. El matrimonio tiene que ver con la reproducción de la especie, pero no obedece sin más a una ley natural; no existe propiamente en los prehomínidos. Implica componentes culturales. A nadie se le oculta que hay formas de reproducción de los humanos que caen fuera del matrimonio y la familia conyugal: madres biológicas que rechaza la maternidad, hijos sin padre conocido y abandonados, etc. En muchas sociedades, niños semejantes están destinados al infanticidio. En otras, acaban en el orfanato, en la esclavitud o la servidumbre. En otras, se dan en adopción. En otras, el hijo es criado por uno solo de sus progenitores, formando una familia monoparental. De ahí que la reproducción, considerada en sí misma, no suponga necesariamente la existencia de matrimonio.

El matrimonio tampoco es sin más la respuesta a las necesidades sexuales, pues en toda sociedad hay diversas maneras de satisfacer la sexualidad que no tienen que ver con el matrimonio y que quedan fuera del sistema de parentesco. Son pocas las sociedades que han pretendido circunscribir la práctica sexual al ámbito matrimonial exclusivamente. No obstante, la alianza conyugal es la única relación de parentesco que otorga derechos sexuales. A través de él pasa universalmente la línea de filiación, el linaje de ascendencia y descendencia de una familia. Todas las demás relaciones familiares, que, en principio, podrían darse o no darse, es decir, ser o no ser reconocidas por la sociedad, de hecho se instituyen y organizan en correlación con el matrimonio. Sin la organización del parentesco existiría una gran confusión social. Por eso, en todas partes prevalece la opción de utilizarla para situar con facilidad a las personas en la trama social, al tiempo que se les atribuyen determinados derechos y obligaciones, especificadas al menos para algunas de ellas.

La alianza se produce primordialmente entre familias y suele comprometer de alguna manera a los linajes, de los que el esposo y la esposa operan como representantes. Es cierto que hay sistemas que explicitan más la alianza entre familias, como aquellos donde se observan normas de levirato o sororato, mientras que en otros la alianza se vuelve más implícita. Sin duda, esta variabilidad se refleja en los modos de selección del cónyuge, en una gradación que iría desde la regla prescriptiva o preferencial, a la negociación entre familias gestionada por los padres (sin consentimiento de los futuros cónyuges, o con él), y la libre elección por parte de los contrayentes.

Así pues, es un hecho universal que la familia se origina en el matrimonio, y que este nunca ha sido ni puede ser un asunto privado. La institución universal del matrimonio efectúa una alianza entre linajes o entre familias, aunque estas solo estén representadas por los propios contrayentes. Mediante él se opera una articulación entre la relación de sexos, masculino y femenino, donde la exigencias naturales son sometidas a reglas culturales. Los derechos de reproducción determinan el estatuto de los hijos. Como he repetido, el hecho de las relaciones sexuales y el hecho de la reproducción como meros datos biológicos no constituyen matrimonio, sino cuando se inscriben en los códigos culturalmente establecidos. El matrimonio somete la naturaleza y la sexualidad a una codificación cultural, conforma la familia nuclear, pone en acción la regla social de intercambio genético, la regulación de la filiación y la crianza, la cooperación económica para la subsistencia, los derechos de herencia material y simbólica, el estatuto social de los miembros de la familia, creando y dinamizando, en definitiva, toda la red familiar del parentesco. El matrimonio es un vector que crea el parentesco y viceversa. En él se opera una doble articulación, entre la relación conyugal y la relación filial, de las que depende todo el dispositivo familiar en su realidad biológica y en su significado cultural. En sentido estricto, el matrimonio está constituido por una pareja formada por dos personas de diferente sexo, en la que la complementariedad privilegiada entre lo femenino y lo masculino, generadora y regeneradora de la población humana, es elevada por el sistema de parentesco a clave y principio organizador de la reproducción social. De él pasa a depender la supervivencia de la especie y la prosperidad de la sociedad, la llegada al mundo de nuevos individuos que lleven adelante la una y la otra.

La alianza no se limita a un intercambio puntual, sino que es la puesta en marcha de un proceso de interacciones que amplía la red de parentesco en la realidad social, organizando además el emparentamiento de afines y colaterales, al tiempo que regula la procreación de descendientes comunes. En efecto, la alianza marital conlleva una *promesa* de descendencia común, tanto para los contrayentes como para sus respectivas familias. Hoy, con mayor conocimiento científico, diríamos que tal promesa se basa en la posibilidad de compartición genética. Para la sociedad, comporta la promesa de renovación y crecimiento de la población. Y para la especie, asegura su supervivencia.

La relación matrimonial implica, *en cuanto modelo*, una proyección de la pareja en la paternidad y la maternidad, por cuanto le es inherente la predisposición potencial a la procreación y al cuidado de la infancia, en los modos específicamente humanos de esa función biosocial. La posibilidad de reproducción y crianza, significada en la figura de la díada de los progenitores-cuidadores, es esencial en la institución del matrimonio y en la organización de todo modo de reproducción, aunque luego haya casos concretos en que no llegue a realizarse por circunstancias o razones contingentes.

En consecuencia, estrictamente hablando, a pesar de las apariencias en contra y de los casos problemáticos, se puede afirmar que el matrimonio está constituido universalmente por una pareja de mujer y varón. Más aún, todo matrimonio como tal es siempre monogámico, si lo describimos con rigor. Supone un abuso o imprecisión del lenguaje hablar de «matrimonio poligámico», porque lo que hay son familias poligámicas, pero no matrimonios poligámicos. La poligamia, en las sociedades donde la admiten, se refiere a la posibilidad de que un individuo, ya casado, pueda contraer otros matrimonios acumulables, cada uno de ellos con un solo cónyuge. En ninguna parte se contraen *proindiviso* con un lote de esposos o esposas. De hecho, cuando se produce la disolución conyugal, esta se da también por separado y singularmente con respecto a un cónyuge determinado. El régimen de monogamia, en cambio, prohíbe esa posibilidad de tener contraídos matrimonios simultáneos, si bien permite contraer nuevas nupcias, tras la extinción o el divorcio del enlace anterior.

El matrimonio requiere en todas partes una *legitimación* pública. Nunca puede estar ausente alguna clase de sanción social, aunque sea tácita. Esta significa de hecho la aprobación o el rechazo hacia la unión matrimonial, pues en ausencia total de reconocimiento no habría matrimonio, al no existir socialmente. Lo más frecuente es que, además, el casamiento conlleve una sanción ritual de la boda, algún ceremonial, no necesariamente en forma religiosa. Y siempre entraña una sanción social, sea por la costumbre o por la ley, que impone asumir una serie de deberes y derechos en lo concerniente al sexo, la reproducción, la educación de la prole y la subsistencia familiar. El reconocimiento social del matrimonio, en mirada transcultural, no tiene por qué adoptar la forma jurídica y registral propia de las sociedades con Estado y con escritura; al igual que no tiene por qué presentar una forma sacramental, como, por ejemplo, en el caso del matrimonio canónico católico. Basta con que se dé el reconocimiento explícito o implícito por parte de la sociedad: que públicamente la pareja forme una unión de convivencia y eventualmente tenga hijos.

Puesto que el parentesco no es un dato de la naturaleza, ni viene determinado solo por los genes o la procreación, la llamada «paternidad biológica» o cualquier forma de compartición genética solo es efectiva y entra a considerarse parentesco a condición de que la ley o el reconocimiento social se lo imponga así. Entonces, establece la pertenencia a una red, que está sometida al cumplimiento de ciertas condiciones e interacciones, cuyo núcleo es el matrimonio y su descendencia.

Por último, las normas consuetudinarias o legales propias de un sistema de parentesco suelen contemplar la regulación de la compatibilidad o la incompatibilidad del matrimonio con otros matrimonios (poligamia), así como la disolubilidad o la indisolubilidad del vínculo matrimonial (divorcio). Es un aspecto más de la codificación cultural que afecta a contenidos biológicos.

La residencia posmarital y la amplitud familiar

Si conviniéramos en considerar «familia» a cualquier grupo de convivencia y considerar «matrimonio» a cualquier unión sexual, tal vez habríamos dado una definición clara, pero estaríamos sosteniendo una arbitrariedad expuesta a ser desmentida pronto por los hechos, además de carecer de fundamento teórico. En cambio, si estamos convencidos de que solo algunas de las formas asociativas de la organización social constituyen el sistema de parentesco —estudiado por la antropología—, entonces la familia y el matrimonio deben poder deslindarse como una estructura bien delimitada y universal, por muy variadas que sean sus formas concretas. Lo que no resulta coherente ni aceptable es designar como «matrimonio» o como «familia» a algunos modos de convivencia ajenos a los requisitos mínimos exigidos para la definición transcultural de esas instituciones.

En general, la mayor parte de los grupos de convivencia han sido unidades sociales de reproducción. Residir juntos o convivir bajo el mismo techo suele ser un elemento presente y comúnmente utilizado en la organización del parentesco. Pero sería un disparate confundir una familia con una vivienda o creer que los que viven juntos cumplen suficientes condiciones para ser parientes. Por otro lado, la red de parentesco no se concentra en un solo grupo residencial, sino que lo desborda ampliamente. Ni siquiera los miembros de una familia en sentido restringido tienen por qué vivir necesariamente juntos. En cualquier caso, los grupos residenciales no siempre se ajustan al parentesco ni se basan en él. En consecuencia, no hay que confundir un grupo residencial con una familia, por muy cierto que sea que la familia y el parentesco determinan algunas clases de grupo residencial. Del hecho de cohabitar no se deduce que se forma una familia. A un colegio mayor de estudiantes, un convento de monjas, un cuartel de reclutas, una residencia de ancianos, una casa de acogida solamente se les puede llamar «familia» en un sentido metafórico e impropio. Suponen modos de cohabitar ajenos a los requisitos del parentesco. No son, ni pueden, ser familia, sencillamente porque caen fuera del sistema de parentesco, al no responder a las condiciones estructurales que lo constituyen.

Aunque no me detendré aquí en ello, el materialismo cultural explica las causas que impulsan a cada tipo de residencia posmarital, patrilocal, matrilocal, avunculocal (cfr. Harris 1988: 438-442), así como la amplitud del ámbito familiar —nuclear, doméstico, extenso—, en estrecha relación con los grupos de filiación y con la funcionalidad infraestructural y social. También puede dar cuenta de por qué se constituyen otras diversas formas de convivencia y corresidencia de índole no familiar. Por lo demás, ni las relaciones amistosas ni las relaciones eróticas exigen de por sí la residencia en común.

Desde los descubrimientos de la genética, la idea de *consanguinidad* y sus grados se puede traducir en términos de compartición de una herencia genética, en mayor o menor porcentaje. Para un individuo, la antigua «consanguinidad» se refiere ahora a la proximidad de su genotipo con el de otros individuos que poseen ascendientes comunes, partiendo del hecho –ya sabido– de que un hijo recibe el 50% del genotipo de cada uno de sus progenitores. Y que, estadísticamente, cada hermano comparte con cada hermano un 50% del genotipo. El nieto, el sobrino carnal o el primo hermano comparten un 25%. Y así sucesivamente. Cada individuo es idéntico únicamente consigo mismo. Su genotipo solo coincide con el de sus parientes más cercanos en un porcentaje correlativo a su grado de proximidad genética.

Si trazáramos una topología generacional neutra, marcando las posiciones de los ascendientes y descendientes de un individuo de referencia, obtendríamos la cuadrícula de una terminología de parentesco que reflejaría las distancias genéticas. En la generación uno, estaría *ego* junto con sus hermanos, primos, cónyuge y cuñados. Hacia atrás, la generación anterior 2ª (padre, madre, tíos), la generación anterior 3ª (abuelo, abuela, tíos abuelos), la generación anterior 4ª (bisabuelos) y así sucesivamente. Hacia adelante, la generación posterior 2ª (hijos, sobrinos, yernos/nueras), la generación posterior 3ª (nietos, sobrinos nietos), la generación posterior 4ª (bisnietos), etcétera. Sin embargo, hay que tener en cuenta que las distancias genéticas objetivas no poseen la misma significación en todas las culturas. El significado de un tipo de pariente suele variar en los distintos modelos correspondientes a tipologías particulares estudiadas por los antropólogos, que pueden marcar como diferentes posiciones genealógicas iguales, o como iguales, distancias genealógicas dispares. Por ejemplo, una prima cruzada matrilateral puede aparecer en un sistema avuncular como cónyuge preferente, mientras la prima paralela matrilateral cae bajo la prohibición del incesto. Otro efecto de distorsión suelen introducirlo las genealogías, al remitir a *un* antepasado común más o menos remoto, siendo así que en la cuarta generación anterior ya hay ocho bisabuelos con las mismas credenciales genéticas y, si nos remontamos más en el tiempo, habrá 16 tatarabuelos, y –multiplicándose por dos cada vez– se habrán elevado a 512 antepasados en la décima generación anterior, de los que uno desciende en igual grado. De cualquiera de ellos, el descendiente de referencia habrá heredado apenas un 0,19% de su genotipo, que no llega a dos milésimas. Lo que se comparte con un antepasado a tal distancia es aproximadamente lo mismo que se comparte con cualquier otra persona de la calle. Y es que el genoparentesco lineal, la herencia genealógica a partir de un antepasado común, se degrada sistemáticamente y va reduciéndose a la mitad en cada nueva generación, hasta desvanecerse.

La idea de descender de un tronco común, por tanto, es ineluctablemente falaz. A cada generación que nos remontemos se multiplica por dos el número de troncos comunes distintos de los que se desciende por igual, o lo que es lo mismo, se divide entre dos la herencia recibida de aquel antepasado, hasta hacer que lo que se comparte con él sea estadísticamente insignificante. De ahí que todas las genealogías se vuelvan prácticamente falsas o irrelevantes, tan pronto como sobrepasan unas cuantas generaciones. Los linajes convergen y divergen constantemente. Convergen en el punto de cruce representado por el matrimonio. Desde el punto de vista del hijo que nace, lo que en él ha convergido resulta divergente mirando hacia atrás a sus ascendientes (que doblan su número a cada generación anterior). Y volverá a ser divergente también mirando hacia adelante, a los descendientes (que dividirán su genotipo entre dos a cada generación posterior).

Por lo que respecta a la descendencia común, las matemáticas no son tan exactas, puesto que el número de descendientes con el mismo grado de parentesco ya no es cerrado, sino abierto. En efecto, solo hay una pareja de progenitores, pero puede haber muchos hijos; solo hay cuatro abuelos genéticos, pero se pueden tener numerosos nietos, o ninguno. Quizá no haya que entender exactamente del mismo modo el parentesco mirando en dirección a los ascendientes o en dirección a los descendientes.

Como parece evidente, la consanguinidad procede de la filiación y, en realidad, son equivalentes. Ahora bien, en el eje temporal de la línea de filiación, hemos distinguido la ascendencia y la descendencia. Por lo general, se suele decir que son parientes aquellas personas que tienen un antepasado común o compartido. Y es cierto. Pero también puede formularse el principio de otro modo: las personas que tienen descendientes comunes, no solo directos, sino descendientes comunes que son consanguíneos entre sí. Los dos principios parecen iguales, pero presentan un enfoque muy diferente, puesto que el primero, retrospectivo y más restrictivo, resalta solo antepasados consanguíneos con los sujetos de referencia, de quienes se dice que son parientes entre sí por tener tal o cual antepasado común; mientras que el segundo principio –que abarca al primero– es prospectivo y más amplio, al considerar que personas no necesariamente consanguíneas entre sí (colaterales y afines) llegan a tener descendientes compartidos, o bien descendientes directos de uno que son consanguíneos de descendientes directos de otro. Ambos órdenes de parientes, antepasados y descendientes, resultan de un único principio: el principio de coincidencia genética parcial (directa o indirecta) con determinadas personas de la generación posterior. Es notorio que los linajes o grupos domésticos cruzados en un matrimonio producen, en ramas colaterales y en la siguiente generación, individuos con genotipos que comparten entre sí una misma cantidad de genes, aun cuando no puedan remitirse a un mismo antepasado común. En otras palabras, afines como los cuñados no comparen consanguinidad entre sí, pero sus hijos respectivos sí la comparten (un 25%): son primos hermanos.

La afinidad, por lo tanto, acaba implicando algo de consanguinidad, si bien indirectamente, por cuanto la habrá entre descendientes que lo son al mismo tiempo de los afines: los hijos de un progenitor y los hijos de su cuñado –afín– son primos hermanos entre sí y tienen en común una pareja de abuelos, que son los padres de ese progenitor (y evidentemente padres de su hermano, el cónyuge del mencionado cuñado). Los componentes genéticos y los culturales interactúan recursivamente, haciendo emerger el parentesco.

Cabe hacer un resumen diciendo que la filiación humana consta de tres niveles, construidos uno sobre otro. Primero, implica la progenitura, es decir, la transmisión de patrimonio genético; pero esta transmisión puede darse sin ningún otro cuidado, como ocurre en otros animales como peces y reptiles. Segundo, la crianza, en cuanto alimentación y cuidado inicial de la prole a cargo de uno de los progenitores o de ambos; así lo observamos ya en aves y mamíferos. Y tercero, lo que podemos llamar educación o adiestramiento en ciertos comportamientos, saberes y normas. Este último compromiso es exclusivo de los humanos y es lo que conforma propiamente la maternidad y la paternidad. Conlleva un compromiso para los progenitores, o para algún familiar que asume el papel de proveedor o educador (por ejemplo, el avúnculo). A veces se puede delegar, en todo o en parte. Así pues, en la descendencia converge la transmisión de genes (consanguinidad) y la transmisión cultural (herencia social), es decir, la crianza que, sin dejar de ser biológica, se realiza de conformidad con reglas socioculturales adaptadas a cada tradición o contexto particular.

EL PARENTESCO ES CLAVE PARA SOBREVIVIR Y VIVIR HUMANAMENTE

En definitiva, el plano propio del sistema de parentesco es aquel en el que operan unos *principios de organización* que combinan un doble mecanismo de interacción: la alianza y la filiación. El primero es el *mecanismo de alianza*, de la que deriva directamente la filiación e indirectamente la afinidad. Podemos desglosarlo en *a)* el principio de complementación sexual (a partir del dimorfismo o diferencia sexual); *b)* el principio de intercambio, implicado en la realización del matrimonio; y *c)* el principio de solidaridad con afines, aliados de alguna manera, a consecuencia de la alianza conyugal. El segundo es el *mecanismo de filiación*, dispuesto para acoger a los posibles descendientes, poniendo en juego *a)* el principio de descendencia compartida, *b)* el principio de residencia familiar y *c)* el principio de herencia tanto genética como cultural o social. El proceso del parentesco puede describirse, así, como una clase de estructura disipativa en la que se embuclan tres dimensiones de distinta naturaleza, pero que se vuelven interdependientes: el flujo de la población, mediante la transmisión de información genética; la historia de la sociedad, configurada mediante información cultural; y la existencia de los individuos, que, atravesados por esa doble información, llevan a cabo su propia experiencia. En conjunto, el parentesco satisface las funciones de reproducción geno-cultural de la sociedad, y de adaptación simultánea al entorno bioecológico y sociocultural, dando soporte básico para poder sobrevivir y para vivir humanamente.

CAPÍTULO 4

LA FAMILIA Y SUS SIMULACROS

Aunque todos estamos vinculados a lazos familiares de alguna manera, a veces resulta difícil adoptar una perspectiva adecuada en lo concerniente a la comprensión de qué es el parentesco. Es cierto que el análisis del parentesco, la familia o el matrimonio nos los descubre como un sistema enormemente complejo, intrincado, en el que se articulan dimensiones heteróclitas y se entrecruzan diversos principios de organización. Por ello, es conveniente explorar sus fronteras, deslindar dónde no existe tal sistema, dónde se disuelve, dónde se imita simplemente y, al mismo tiempo, entender en concreto cómo ha evolucionado históricamente y cómo sigue evolucionando en respuesta a las solicitaciones de cada época.

En los dos capítulos precedentes, he tratado de las estructuras del parentesco y su complejidad, y he intentado determinar, con alcance transcultural, los diversos tipos de vinculación entre personas que constituyen propiamente un matrimonio, en cuanto condición para que un grupo de convivencia o apoyo mutuo forme una familia. Porque no cualquier agrupación residencial lo es. Los individuos humanos se relacionan y se juntan de múltiples maneras y con fines muy dispares. También suelen hacerlo para convivir y residir bajo el mismo techo de formas muy variables. Esto da lugar a que las personas organicen y reorganicen sus estilos de vida, pero no necesariamente en el marco del parentesco, si bien el propio sistema familiar no deja de evolucionar con el tiempo. Lo

113

que parece evidente es que no toda unidad de convivencia conforma una familia, ni toda vinculación entre personas constituye un matrimonio, ni cualquier relación o compromiso social pertenece al sistema de parentesco. Existen, en todas las sociedades, múltiples tipos de asociaciones basadas en el sexo, la edad y toda clase de intereses comunes, que caen fuera de ese ámbito.

Es probable que la opinión ordinaria y más extendida en nuestro contexto social no nos aporte el mejor instrumento para aclarar los conceptos. Lo que se piensa sociocéntricamente siempre es un aspecto que hay que tener en cuenta, pero con frecuencia suele confundir, enmascarar o ignorar parte de la realidad. Hay situaciones en las que cierto tipo de pareja que cumple los requisitos antropológicos de un matrimonio puede no estar reconocida como tal a nivel ideológico, y viceversa. Por ejemplo, cuando leemos en un reciente titular de prensa: «Uno de cada tres niños nace fuera del matrimonio en España», ahí se está dando por buena la ortodoxia particular que solo considera verdaderos matrimonios los celebrados con determinado ritual religioso o civil. En cambio, la observación de los hechos nos descubre una tipología bastante clara: A) La unión con sacramento o ceremonia religiosa, con inscripción en el registro civil. B) La unión con boda o ceremonia ante un juez u otra autoridad, inscrita en el registro civil. C) La unión con inscripción como pareja *de hecho* en el ayuntamiento o cualquier otro registro oficial –sin boda, solo en el sentido de no inscribirse en el registro civil conforme al derecho matrimonial–. D) La unión de hecho *por libre*, sin papeles ni inscripción en ninguna parte, es decir, sin compromiso expresado ante ninguna institución. Pues bien, desde un enfoque *emic*, se consideran matrimonio solamente los tipos A y B. Pero, desde un enfoque *etic*, los cuatro tipos son en realidad matrimonios desde un punto de vista antropológico. Aparte, habría otros dos casos: E) El grupo monomaterno, especie de familia anómala, formada por una madre con su hijo, radicalmente huérfano de padre, cuyo progenitor nunca llega a conocerse, sea por una decisión premeditada o por azar. F) El grupo monopaterno formado por un varón con un hijo adoptado, cuya progenitora permanece en total anonimato y nunca llega a conocerse. En estos dos últimos tipos, a diferencia de los cuatro anteriores, se puede afirmar con bastante seguridad que no ha existido matrimonio.

En el polo opuesto del no reconocimiento de un matrimonio que efectivamente existe, puede ocurrir que, desde un punto de vista *emic*, se llame «matrimonio» a un tipo de pareja que no responde a su concepto antropológico. O también, por otro lado, encontraremos que hay con toda propiedad «hijos fuera del matrimonio» y, por tanto, efectivamente al margen del sistema de parentesco, más allá de sus confines, lo que suele dar lugar a múltiples formas de orfandad, total o parcial, que se intenta compensar socialmente mediante acogida en familias adoptivas, o familias que a veces cabe denominar defectivas, o impropiamente tales.

NO EXISTE PARENTESCO PROPIAMENTE DICHO EN LA NATURALEZA

Los sistemas de reproducción en el mundo natural, antes y después de la invención del sexo, sirven a la supervivencia de las especies, pero no se puede afirmar, hablando con propiedad, que supongan sistemas de parentesco. Ni siquiera de las aves, los mamíferos, o los primates que forman diversos tipos de asociación para el cuidado de sus crías, se puede decir con propiedad que formen «familias» o que sean «parientes» entre sí. Solo cabe decirlo metafóricamente, o con un lenguaje laxo, como cuando hablamos de padres o madres, de hijos y de hermanos en el mundo animal. Es muy elocuente que no utilicemos ya el resto de la terminología del parentesco (abuelo, nieto, yerno, tío, sobrino, cuñado, etc.). Nosotros no somos capaces de seguir asignándoles más allá del núcleo reproductor unas relaciones de parentesco fundadas exclusivamente en la proximidad genética. Y ellos no tienen absolutamente ninguna idea de la existencia de tales relaciones, ni estas ejercen la menor repercusión en su comportamiento. Todos los animales que se reproducen sexualmente están dotados de mecanismos para distinguir a los machos de las hembras y a los adultos de las crías en general. Hay especies que reconocen a sus propias crías, o a los miembros de su colonia. Pero estos sistemas de reconocimiento basado en alguna pista sensorial no requieren, para funcionar, ningún conocimiento de sí mismo (cfr. Hauser 2000: 139), ni del lugar que uno ocupa en relación con los demás, ni ser consciente de ningún compromiso con la descendencia o los congéneres, que denote una verdadera relación de parentesco.

Los elementos que se dan en el reino animal (el sexo, la reproducción, a veces la crianza) están presentes en el reino humano, pero lo específico que encontramos en la sociedad humana (matrimonio, familia, parentesco) está ausente en todas las formas de vida no humanas. Por lo tanto, *hablando con propiedad*, técnicamente es incorrecto y erróneo afirmar que existe el parentesco entre los animales. Ni el parentesco ni el matrimonio existen fuera de la especie humana.

Es erróneo aplicar a los primates un punto de vista antropomórfico, porque, aunque poseen capacidad de aprender ciertos rasgos «culturales» esporádicos, e incluso transmitirlos a la siguiente generación, su sistema social no se fundamenta en logros culturales, como es el caso de los grupos humanos sin excepción. Esta precaución vale igualmente a la hora de atribuir un sistema familiar a los núcleos de reproducción primates. Desde el lado biológico, podemos observar que comparten con los humanos algunas características, como los alumbramientos de una sola cría y largos períodos de cuidados «maternos», y asimismo el vivir en grupos de reproducción muy cohesionados. Pero no debemos confundir lo que –a falta de un léxico más preciso– cabe llamar *parentesco genético*, que se da en todas las especies vivas, entre los individuos genéticamente próximos, en grado variable, debido al proceso de reproducción. Pues efectivamente se da una progenitura, el nacimiento de una nueva generación, si bien es verdad que el sistema de reproducción no va acompañado de ninguna otra interdependencia ni, menos aún, precedido o seguido de alguna clase de reconocimiento o relación duradera. Simplemente, una generación trasmite sus genes a la siguiente.

En numerosas sociedades animales, sobre todo en aves y mamíferos, puede encontrarse una estructuración epigenética del comportamiento, en general limitada a los progenitores, o alguno de ellos, y la progenie: alimentación y cuidado de las crías. Se podría hablar ahí, en cierto sentido, de un *parentesco social* de corta duración en la mayor parte de los casos. En los primates, llega a producirse algún tipo de reconocimiento individual entre «madre» e «hijos», que puede durar toda la vida, así como diversas fórmulas de organización de la «familia».

Según las observaciones de los primatólogos, hay muy diversas fórmulas en la organización de las manadas y en el comportamiento de monos y simios con respecto a las crías. Los lémures de cola anillada, de

Madagascar, forman grupos de hasta treinta individuos, dominados por hembras (Bloom 1999: 217). Los colobos blancos y negros de África central y oriental viven «en manadas formadas por un macho y varias hembras con sus crías» (Bloom 1999: 226). Los sakis de la selva, en las tierras bajas suramericanas, «viven en grupos familiares compuestos de una pareja monógama y sus crías» (Bloom 1999: 228). Los macacos japoneses, o monos de las nieves, que viven en tropas de entre veinte y cien individuos, se aparean en invierno y las crías nacen en primavera o verano; las crías son amamantadas durante casi un año (Bloom 1999: 151); el grupo familiar vive muy unido: la madre y el padre cuidan de la crianza (pág. 176) y mantienen estrechos lazos durante toda la vida.

En lo que respecta a los simios, los gibones del sureste asiático (Sumatra, Tailandia, Malasia) «viven en grupos familiares que suelen consistir en una pareja monógama y sus hijos de distintas edades» (Bloom 1999: 204). Entre los orangutanes de Borneo y Sumatra, la hembra tiene una cría cada ocho o nueve años; la madre cría sola al hijo y se establece un fuerte lazo madre-cría (Bloom 1999: 64). Los gorilas de Ruanda, Uganda y Congo viven en un grupo familiar cerrado, de entre seis y cuarenta miembros, dirigido por el macho adulto de espalda plateada; las hembras conciben por primera vez alrededor de los nueve años de edad y las crías dependen totalmente de la madre durante los dos primeros años (Bloom 1999: 107); si falta el macho dominante, «los lazos familiares se rompen y los individuos se dispersan y se unen a otros grupos vecinos» (pág. 132). Los chimpancés de África oriental, central y occidental viven en grupos familiares de hasta cien individuos, formando sociedades «patriarcales», dominadas por machos; entre ellos, el apareamiento no es solo un acto de reproducción, sino que cumple también una función social; se crea un fuerte lazo entre madre e hijo durante unos cinco años, e incluso después sigue mostrando interés uno por otro (Bloom 1999: 42). Por último, los bonobos de África central viven en grupos familiares dominados por las hembras (Bloom 1999: 52) y es característico de ellos utilizar el sexo no solo para la reproducción sino como forma de apaciguamiento social.

No se puede negar que en esos esquemas de comportamiento de los primates se dan ciertas analogías con lo que acontece en las sociedades humanas. Sin embargo, en la medida en que están ausentes la cultura, el lenguaje y la historia en sentido específico, no se trata todavía de un verdadero sistema de *parentesco biocultural,* que es característico y exclusivo de la humanidad.

En el sistema de parentesco, no encontraremos posiciones absolutas y unívocas. Nadie es solamente padre o hermano con relación a todos. Lo normal es que un individuo, en cuanto pariente, acumule en su vida un conjunto de relaciones parentales, llegando a ocupar a la vez varias posiciones relativas: hijo, nieto, hermano, primo, marido, cuñado, padre, yerno, suegro... A lo que es imprescindible añadir las codificaciones culturales particulares, que pueden modificar la correlación y la función de posiciones consanguínea o genéticamente equidistantes.

Hay relaciones de parentesco que, al formarse, son constitutivas: uno las adquiere directamente, como consecuencia del propio matrimonio (alianza) o del propio nacimiento (consanguinidad). Las demás relaciones se adquieren indirectamente, a consecuencia de la alianza matrimonial de un pariente o del nacimiento del hijo de un pariente, acontecimientos que afectan a otros, convertidos —sin tener que hacer nada al respecto— en cuñados, nueras y yernos, suegros, y en abuelos y nietos, tíos y sobrinos. Cuando una madre da a luz, no solo trae al mundo un hijo, sino un hermano, un primo, un sobrino, un nieto; y para el futuro, un yerno o nuera, un cónyuge, un tío, un abuelo, etc. Se promueve la reactivación de todo el sistema de parentesco, que crea una nueva generación de parientes.

Este emparentamiento sobrevenido expresa el mecanismo que expande el parentesco, aliando familias, en el acto de instaurar una nueva familia. Y así predispone a todos los concernidos a acoger al posible descendiente del nuevo matrimonio como perpetuador del propio patrimonio genético, en variable porcentaje. Los emparentados contarán con algunos descendientes que compartirán genes con los descendientes de los recién casados. Los parientes consanguíneos compartirán directamente un porcentaje de genes con los descendientes del nuevo matrimonio. Los parientes afines, por su parte, no compartirán genes directamente con los descendientes del nuevo matrimonio, pero sus propios descendientes si compartirá un porcentaje de genes con los descendientes de ese nuevo matrimonio. De esta manera, una onda de familiaridad circula por la red del parentesco y refuerza el tejido social, lo organiza para su propia reproducción, regeneración y prosperidad. Estas funciones básicas, como ya he explicado, reúnen indisolublemente aspectos biogenéticos y socioculturales.

Pero, en realidad, esta red polivalente solo resulta significativa para las personas concretas a lo largo de tres o cuatro generaciones consecutivas, como mucho. Por la duración limitada de la vida individual, la propia terminología genealógica se agota, prácticamente, en tatarabuelos y tataranietos, no porque no haya nadie más allá, sino porque ya no es factible la relación interpersonal. El sistema en cuanto tal se reitera una y otra vez, sucesivamente, entre las generaciones que alcanzan a convivir.

Por otra parte, el parentesco tampoco es incorruptible, sino que se crea y se destruye en vida de los implicados. Lo mismo que hay personas que no son parientes con que se adquieren relaciones de parentesco (a consecuencia de una alianza matrimonial, mediante adopción filial), en determinadas circunstancias hay relaciones de parentesco que se disuelven y dejan de serlo. Y es que, en realidad, constituye una dinámica compleja que resulta del proceso social que lo establece. Por su carácter procesual, también puede llegar a romperse y dejar de existir, incluso a pesar de los hechos biológicos. Así ocurre en el caso de los repudios y los divorcios, también en el de los hijos no reconocidos, los deshijados o desheredados, y en el de los progenitores abandonados a su suerte. A veces se trata de hechos brutos que acontecen, pero la mayor parte de las sociedades establecen alguna regulación del conflicto y algún mecanismo de desconexión.

Esta cuestión comporta una problemática difícil. Por ejemplo, ¿hasta qué punto los exparientes conservan algún lazo con su situación anterior? Quizá sigan manteniendo normalmente las relaciones no afectadas por la ruptura, que no se anulan del todo en ciertos casos. Determinadas dimensiones quedan abolidas, o su valor se reduce a cero. Otros, sin embargo, transforman el estatus: como el «vínculo» jurídico en casos de separación, el deber de pasar una pensión para mantenimiento de la expareja, la mensualidad por alimentos para los hijos, etc. De modo que, situado en la periferia del sistema familiar al que perteneció con anterioridad, el *ex* (sobre todo el exmarido o la exmujer) puede quedar completamente desconectado, o bien ser deudor de cierto tipo de prestaciones, o acreedor de ciertos beneficios derivados de su estado previo, de la alianza que hubo. Y probablemente permanecerá inalterado y operativo el compromiso derivado del principio de descendientes compartidos. La vinculación y desvinculación a la red de parentesco está siempre en juego, tejiendo, destejiendo y volviendo a tejer la trama social a lo largo de los siglos. Pero, para los individuos, las relaciones de parentesco vividas pueden extinguirse antes de tiempo.

LA SIMULACIÓN DE PARENTESCO AL EXTERIOR DEL SISTEMA

Para que se dé la relación matrimonial en sentido propio no basta que se dé relación sexual, ni basta por separado el hecho de la reproducción, ni la residencia juntos, ni la colaboración económica, ni el pacto jurídico. Cada uno de esos rasgos puede darse sin constituir una relación conyugal o familiar. Es necesaria una articulación de esos elementos, que, aislados y cada uno por sí solo, no llegan a constituir matrimonio ni parentesco. A nadie se le oculta que hay numerosas formas de asociación y de grupos domésticos al margen del parentesco.

El hecho de que, normalmente, las funciones de crianza, educación e integración social sean llevadas a efecto por la familia fundada en el matrimonio no implica que no pueden correr a cargo de otras personas o instituciones; pero esto no las convierte en familia y matrimonio.

Sin embargo, la idea y el término de matrimonio se ha utilizado a veces en un sentido figurado o simulado, llevando a cabo una extrapolación más allá del espacio delimitado por el sistema de parentesco. No tiene sentido decir que hay parentesco, por ejemplo, en una relación entre amantes: no se consideran parte de la familia, ni siquiera en el caso de que de esa relación nazca un hijo (cuyo estatuto suele resultar, por ello, un tanto problemático). En el capítulo anterior, sinteticé una noción antropológica de matrimonio: En sentido estricto, el matrimonio está constituido por una pareja formada por dos personas de diferente sexo, en la que la complementariedad privilegiada entre lo femenino y lo masculino, generadora y regeneradora de la población humana, es elevada por el sistema de parentesco a clave y principio organizador de la reproducción social. De él pasa a depender la supervivencia de la especie y la prosperidad de la sociedad, la llegada al mundo de nuevos individuos que lleven adelante la una y la otra.

Si imaginamos una sencilla topología, el espacio del matrimonio «verdadero» presenta límites que se pueden acotar con claridad. Dentro de él, cabe una pluralidad de formas: monogamia y poligamia, familia nuclear y familia extensa, etc. Más allá de sus fronteras, encontramos fórmulas incompatibles con el matrimonio, como el incesto o endogamia y también las formas de familia defectiva fundadas en un monoparentalismo motivado ideológicamente por el rechazo de cónyuge. En otros planos exteriores, se sitúan otras categorías inspiradas en el modelo matrimonial, del que únicamente constituyen una imitación, sea real o imaginaria. Me refiero a tipos de emparejamiento o unión entre hembra en hembra, entre macho y macho humanos; o bien esos tipos de «matrimonio» extrahumano que hallamos descritos en la mitología entre dos polos extremos opuestos: las nupcias de humanos con seres suprahumanos o dioses (teogamia) o con seres infrahumanos (zoogamia), cuyos significados se adentran por las sendas de la metáfora, la mística, la transgresión o lo fantástico entre humano y animal, entre humano y divinidad. Con respecto a la diferencia complementaria del verdadero matrimonio, tales formas aparecen como simbólicamente desequilibradas: en la teogamia, el otro de la relación es demasiado alto (un dios); en la zoogamia, es demasiado bajo (un animal); y en la homogamia, el otro es demasiado igual (del mismo sexo). Desde el punto de vista de la propagación de la especie, las tres formas resultan estériles. Por eso, es lógico que se les aplique la consideración de simulacros.

Un simulacro se caracteriza, en contraposición al referente verdadero, porque carece del sentido real y social de este. Nunca clasificaríamos los tipos mencionados en un repertorio de los modelos de familia o de parentesco genuino, por más que cada uno conlleve su propia intencionalidad. Es lo que ocurre con ciertas uniones que se establecen entre hombres: «Por ejemplo, entre los kwakiutl, un hombre que desea adquirir los privilegios asociados a un determinado jefe puede 'casarse' con el heredero varón del jefe. Si el jefe no tiene herederos, podría entonces casarse con el lado derecho o izquierdo del jefe, o con una de sus piernas o brazos» (Harris 1988: 408).

En algunos países occidentales, se califica a veces como matrimonio la relación homosexual estable entre varones o entre hembras que viven juntos. En algunos casos, ese tipo de unión de ha reconocido jurídicamente (como en España, año 2005) como «matrimonio» entre personas del mismo sexo. Ahora bien, si tenemos en cuenta el significado del concepto de matrimonio en sentido propio, definido por su inserción crucial en el sistema de parentesco, aunque es un tema discutido, hay razones para concluir que ese tipo de vínculo no cumple —ni de por sí puede cumplir— las condiciones esenciales para ser considerado antropológicamente *matrimonio*. No alcanza a ser más que un simulacro suyo, por mucho que el legislador —ignorando todo planteamiento científico y despreciando el consenso social— se arrogue denominar matrimonio al contrato de unión de la pareja homosexual.

No obstante, ante el uso social de determinada terminología, que en rigor es inexacta e induce a confusión, cabe la opción de atenerse a lo que sugiere Marvin Harris. Comienza señalando cómo se complica la comprensión teórica «cuando todas esas diferentes formas de emparejamiento de incluyen en el mismo concepto de matrimonio» (Harris 1988: 408), como si no denominarlas así fuera deshonroso o injusto. Como salida, propone que, ante todo, «definamos el matrimonio como la conducta, sentimientos y reglas que se refieren al emparejamiento entre compañeros heterosexuales corresidentes y a la reproducción en contextos domésticos» (Harris 1988: 409). Este es el matrimonio en sentido propio. Luego, para no disgustar a nadie, se puede designar los demás tipos de uniones de pareja como «matrimonio entre no corresidentes», «matrimonio hombre-hombre», «matrimonio mujer-mujer», o como mejor parezca. Pero quedando perfectamente «claro que estas uniones tienen diferentes implicaciones ecológicas, demográficas, económicas e ideológicas». En definitiva, cabe ceder y relativizar la nomenclatura, siempre que no se confundan los conceptos. Pero la cuestión es si esta confusión no es inevitable.

La familia es un tipo social de organización de un grupo personas con arreglo a los principios del parentesco (estudiados en los capítulos 2 y 3). La familia constituye la realización concreta de la estructura de parentesco, que impone sus códigos —de los que forman parte las reglas de alianza y filiación— a la formación de nuevas familias, mediante el mecanismo del matrimonio. Este mecanismo cumple su función biológica y social en el curso del desarrollo de la unidad familiar, abocado a un largo proceso transgeneracional de construcción de familias particulares.

En su composición compleja, el grupo de familiares o parientes lo integran no solo aquellos que poseen genes en común uno con otro (heredados de un antepasado en línea de descendencia directa: padre, hijo, nieto, hermanos, primos), sino también aquellos que —sin poseer genes en común entre sí— los poseen con un tercero (entre marido y mujer respecto a sus hijos), o bien tienen un descendiente que comparte genes con el descendiente del otro (si tomamos como referencia un matrimonio, por ejemplo, el marido no comparte genes con el sobrino «político», hijo de un hermano de su mujer, pero el hijo del matrimonio de referencia sí comparte el 25% de sus genes con el mencionado sobrino, con quien le une el vínculo de primo hermano). En este último tipo, el que lleva parte de los propios genes (el hijo) lleva a la vez parte de los genes del otro (el sobrino/primo). Hay que tener en cuenta estas relaciones genéticas, o de consanguinidad, han sido entendidas a su modo y han desempeñado un papel en cada cultura (la mayoría de las sociedades, aunque desconocían la genética, hacían algunas elucubraciones en torno a nociones como «da misma sangre»).

La familia tiene que ver con la unidad de convivencia, con el sexo, con la procreación, con la crianza y la educación, con la transmisión de derechos, con la legitimación social o legal. Pero debo insistir de nuevo en que no basta ninguno de estos hechos por separado. Cada uno de ellos puede darse de manera independiente, sin que haya matrimonio, ni familia ni parentesco. Pues este se instaura en la combinación simultánea y articulada de todos ellos, en una institucionalización a la que son inherentes tales atributos y que, en principio, está socialmente acreditada para ejercerlos.

El matrimonio crea a modo de sinapsis en la red del parentesco, de manera que la familia residencial constituye un nudo de esa red. En su interior, la propia familia funciona como una microrred donde operan los mecanismos propios de la organización del parentesco, articulada en el matrimonio y completada con los hijos. Pero estos, al crecer, abandonarán la familia de origen para fundar otra, mediante su propio matrimonio. De manera que la familia, a la larga, resulta siempre una estación de paso. Se compone con el destino de descomponerse, dando paso a una nueva generación.

En las sociedades de baja demografía, el parentesco obedece a modelos «mecánicos», de intercambio restringido, mientras que, en las grandes poblaciones, tales modelos son sustituidos por otros de tipo estadístico, de intercambio generalizado y de libre elección. En cualquier caso, pese a lo variable y hasta azaroso de los comportamientos locales, a nivel global se genera siempre un comportamiento colectivo que asegura la reproducción de la sociedad. El sistema de parentesco constituye una especie de estructura disipativa, que se nutre de las familias que construye, para más tarde destruirlas y producir otras nuevas a través de un proceso en el que se regenera a sí mismo, a la sociedad y, en último término, a la especie.

La estructura familiar fue en sus orígenes polivalente y multifuncional, pero ocurre históricamente que al menos algunas de las funciones que desempeñaba se llegan a atribuir a un subsistema diferente, especializado: acciones productivas, educacionales, sanitarias, ceremoniales, etc. Por ese camino cabe especular sobre la pregunta de si el sistema de parentesco podría llegar a desaparecer. Pero el hecho es que no se tiene noticia de ninguna sociedad donde esto haya acontecido, por mucho que la estructura familiar haya cambiado. Lo que se observa es, más bien, una evolución adaptativa del sistema de parentesco.

Parece claro que no hay una evolución unilineal de la familia como institución, en contra de lo que creyeron los etnólogos evolucionistas de épocas pasadas. Basta considerar que el matrimonio monogámico lo encontramos tanto en las sociedades de cazadores recolectores y en tribus primitivas, como en nuestras sociedades complejas contemporáneas. Bien es verdad que han existido y existen múltiples tipos de organización familiar, susceptibles de analizarse, pero su evolución hay que estudiarla en cada caso, en relación con el entorno práctico, al mismo tiempo que se trata de comprender la lógica conforme a la cual funcionan.

Las instituciones y los usos sociales tienen una lógica y en general se atienen a ella, pero no se explican solo por ella, sino también por los acontecimientos o motivos que un día llevaron a establecer la norma. Su funcionalidad original puede haber cambiado o desaparecido, mientras que la forma tradicional de la institución permanece. Pues no hay que presuponer que todo comportamiento social sea siempre adaptativo. Cuando las circunstancias presionan con fuerza para una adaptación, la estructura cambiará o se diversificará, a la par que se modifican los modos de comportamiento. Esto ha ocurrido frecuentemente en la historia y es lo que ocurre en la actualidad. Las diferentes estructuras familiares traducen de alguna manera los flujos económicos e ideológicos que las alimentan, tienden a representar respuestas adaptativas, en relación con las condiciones fluctuantes del entorno. Aunque la estructura resiste los embates de los acontecimientos contingentes, si la fluctuación alcanza un punto crítico, el sistema entero puede asumir un nuevo modo de funcionamiento, instaurando una nueva «sintaxis» del parentesco.

Hay que analizar las transformaciones de las estructuras de parentesco, cuyas posibilidades están dadas desde el principio, y que cada sociedad adapta a sus conveniencias. La adaptación no debe entenderse como efecto de ninguna ley del progreso. Porque no hay un marco de referencia absoluto que pudiera servir para medirlo. Por lo cual, dependiendo del punto de vista adoptado, una misma transformación del modelo puede ser entendida como un avance social o como una regresión, o como una degeneración. No es competencia del análisis dilucidar quién pueda llevar razón, sino solo describir la evolución de las formas y sus condiciones de producción. Más allá de eso, quedan por discutir las consecuencias sociales y personales, para apostar por un juicio de valor; pero la ciencia no tiene por misión avalarlo, aunque ciertamente sería estúpido formularlo sin contar con ella.

Ahora voy a aludir a dos casos ilustrativos de evolución de la estructura familiar. Primero, brevemente, a la basada en el «matrimonio árabe», que el varón contrae con la hija del hermano de su padre. Y luego, algo más detenidamente, expondré a grandes rasgos la transformación del modelo familiar en nuestra sociedad española contemporánea.

Según algunas investigaciones, en la época preislámica, se hallaba bastante extendido entre las tribus árabes un sistema de matrimonio poliándrico, con un régimen al parecer matrilocal o con rasgos matrilineales. Este sistema se adaptaba a una situación en la que los varones pasaban la vida dispersos en sus actividades y empeñados en conflictos intertribales, mientras que las mujeres casadas mantenían el hogar. Tras los cambios sobrevenidos en el tercer decenio del siglo VII, con la aparición del islam y la unificación militar de las tribus árabes, aquel sistema familiar resultaba incompatible con las exigencias de concentración y centralidad del grupo de varones en un contexto de guerra permanente como el que Mahoma desencadenó. A estas exigencias respondía mucho mejor el modelo de la poligamia poligínica de la tradición islámica, que fue el que acabó imponiéndose mediante la instauración de un régimen patrilocal y patrilineal.

Así pues, el «matrimonio árabe» (del que trata Barry 2008b: 18), se caracteriza por la norma de contraer matrimonio del varón con la hija del hermano del padre (tío paterno), es decir, con la prima paralela patrilateral, como opción preferencial. Esta modalidad aportó, en su origen, una fórmula que sin duda obedecía a unas circunstancias prácticas adaptativas (si bien, pasado el tiempo, acaso solo se mantenga por la costumbre, mientras no se sigan graves inconvenientes). Las circunstancias son las de una sociedad guerrera y con un régimen de residencia que se ha vuelto virilocal por el imperativo de mantener unido al grupo de combatientes. Allí resulta prioritaria la necesidad de mantener unidos al mayor número de descendientes varones, haciendo que los hijos de las hijas no vayan a parar a otro clan o linaje, debido a una regla de exogamia demasiado amplia. El matrimonio con la hija del tío paterno asegura que no solo los hijos de los hijos, sino también los hijos de las hijas permanecerán en el mismo clan. Además, las propias hijas no se pierden, salvo cuando interese una alianza con otros clanes. En este último caso, se trata del mismo mecanismo, pero aplicado coherentemente a escala más amplia. Lo que ocurre es que la solidaridad o alianza basada en el parentesco comienza a consolidarse «desde dentro», antes de poder expandirse «hacia fuera».

Este modelo, al incluir la poliginia, aportaba a la vez una solución eficaz al problema social de las mujeres enviudadas por la guerra, al tiempo que aprovechaba las capacidades de todas las hembras, fueran libres o esclavas, manteniéndolas activas en el reforzamiento de los nuevos hogares musulmanes y en el incremento demográfico necesario para la expansión. Se muestra como un sistema avaro de mujeres, a las que exprime sin concesiones, en los antípodas del sistema preislámico, que practicaba el infanticidio femenino selectivo (coherente con la poliandria). Si nos preguntamos por qué la hija del hermano del padre y no de la hermana, o por qué no la hija del hermano o la hermana de la madre, la razón es que no llevan consigo tantas ventajas, conforme a la lógica del sistema. Por el lado paterno, las hijas de la hermana del padre no son interesantes como cónyuges porque, al ser un sistema de filiación patrilineal, la preferencia se decanta a favor del marido de dicha hermana, que casará a sus hijas con sus sobrinos carnales, lo que tenderá a reforzar la línea de filiación de ese marido. Otra posible razón es que el pacto con vistas al matrimonio se hace con un hombre y no con una mujer, lo que descarta igualmente a la hermana de la madre y sus hijas. ¿Y la hija del hermano de la madre? Las hijas del hermano de la madre ya están de antemano asignadas por el sistema para los hijos de sus hermanos varones, y no hay que interferir, si uno quiere recíprocamente preservar el propio derecho. En todos los casos es el padre (varón) el que negociará con sus hermanos varones el matrimonio de sus hijos y también los de sus hijas. A las mujeres no se les atribuye voz ni voto en este sistema, salvo lo que consigan influir en privado, sin transgredir la primacía masculina.

La acelerada transformación de la familia española

Otro caso en el que se demuestra la incidencia de los cambios sociales en la transformación del sistema de parentesco es el de nuestra sociedad contemporánea. En ella, se produce un retroceso de la familia tradicional, una diversificación de los tipos de familia, así como la aparición de grupos domésticos que se sitúan fuera del sistema de parentesco. Esto último es una cuestión que hay que estudiar con cuidado, porque no siempre coincide lo que se estipula oficialmente con la realidad objetiva analizada desde un enfoque antropológico social.

En España, la familia tradicional se mantuvo ampliamente dominante hasta los años 1960, cuando se acometió la trasformación económica potenciada por los planes de desarrollo. Este modelo de familia era fundamentalmente *pronatalista*. Se caracterizaba por una sexualidad encauzada dentro del matrimonio, un hogar dominado por el padre de familia, varón procreador y proveedor, una tendencia a la familia numerosa y la madre centrada en las tareas del hogar y la crianza.

El proceso de *industrialización y urbanización*, así como la llegada del turismo, en la fase que va desde 1960 a 1980, conlleva poco a poco una mejora en los niveles de bienestar y consumo, pero también un mayor costo de la alimentación, la adquisición de vivienda, el vestido, la educación, la asistencia médica y las vacaciones. Con la transformación tecnoeconómica, el traslado a las ciudades para trabajar en la industria y también con la emigración a Alemania, Francia y Suiza principalmente, la familia extensa del medio rural decae y el parentesco va perdiendo importancia. Se impone la familia nuclear, con menos hijos, en pisos populares de los barrios urbanos. Las mujeres comienzan a trabajar fuera de casa y los maridos han de implicarse más en la crianza. Entra en declive la autoridad paterna, al tiempo que progresa una mentalidad democratizadora. En el mismo proceso, desciende la tasa de natalidad y cae en picado la familia numerosa, en otro tiempo predominante. Empieza a aumentar la proporción de matrimonios sin hijos. La misma familia nuclear entra en crisis. Es la era de la modernización de las viviendas, los electrodomésticos, la televisión y la paulatina relajación de las costumbres, la planificación familiar y el uso de anticonceptivos, la reivindicación del divorcio y de la despenalización del aborto. La procreación de hijos, en vez de suponer una inversión mirando al futuro, resulta cada vez más un gasto creciente y a fondo perdido. El parentesco va dejando de ser funcional en el aspecto del cuidado de la salud y de los ancianos, en la medida en que se mejoran los derechos sociales, el sistema de seguridad social en la sanidad, el desempleo y la jubilación.

A partir de 1980, la evolución social se dirige hacia una *economía de servicios e información*. Prosigue la devaluación del modelo de familia orientada fundamentalmente a la procreación, pues este modelo compensa cada vez menos. Se generaliza aún más el trabajo de las mujeres fuera de casa, con un salario inferior al de los varones en un tercio, cambiando la composición sexual de la fuerza de trabajo con la mano de obra femenina. El trabajo de los inmigrantes, peor remunerado, va alcanzando cotas masivas en el mercado de trabajo y modifica la composición nacional de la fuerza de trabajo con la mano de obra extranjera. Son maneras de contrapesar la tendencia al decrecimiento de la productividad y al aumento subyacente de la inflación, con el objetivo inmutable de maximizar la acumulación de capital. Con el mismo fin, se intensifica la deslocalización de empresas a países donde los bajos salarios abaratan drásticamente los costes de producción, multiplicando el margen de beneficios. La ingente producción de riqueza no lleva a una distribución más equitativa, sino al contrario: hoy la renta media del 10% de la población española más rica supera en 12 veces la renta media del 10% de la población más pobre. Los empleos se vuelven inestables y precarios, los sueldos son relativamente bajos, las viviendas cada vez más pequeñas y más caras, el costo de la crianza y educación de los hijos aumenta sin cesar. La persistente incitación al consumo y el hedonismo choca con los límites de la renta familiar. Además, de la familia como unidad de consumo se irá hacia una prevalencia cada vez más importante del consumo individual y el vivir solo en función de uno mismo.

Los cambios en el modo de producción repercuten en cambios en el modo de reproducción, en la economía doméstica, en las costumbres y en la mentalidad. Una consecuencia de los nuevos tiempos y su ideología individualista es que se radicaliza la reestructuración de la vida familiar y la libertad sexual, como forma de adaptación de las estructuras familiares. En general, se da un aplazamiento de la edad en que se formaliza la relación y se contrae matrimonio, por la dificultad de asumir las cargas de mantener una casa y una familia. También se retrasa la edad de reproducción: en España, los partos de mujeres mayores de treinta años eran el 36,7% en 1990, y ascendieron al 61,1% en 2005.

La sociedad toma un giro cada vez más *antinatalista*, donde las condiciones presionan para tener menos hijos y reducir la tasa de natalidad, que llega a estar por debajo de la tasa de reposición: el número de hijos por mujer da un promedio de 1,3. Esta baja fecundidad hace que descienda en términos absolutos la cantidad de niños y de jóvenes. Cada vez hay menos familias numerosas, es decir, con tres o más hijos. La pareja con dos hijos aparece como la modalidad más frecuente de convivencia (18%), seguida de la pareja sin hijos (17%) y la pareja con un solo hijo (15,5%). Se incrementa la tasa de divorcios (cerca de uno por cada mil habitantes), la mayoría por mutuo acuerdo, un hecho favorecido sin duda por la autonomía económica de la mujer. Se expande el movimiento feminista, así como la reivindicación de derechos por parte de los homosexuales, gais y lesbianas (la ley que regula el matrimonio entre personas del mismo sexo se aprobó en 2005). Cada vez hay más personas que prefieren las ventajas que le reporta satisfacer el deseo sexual sin exponerse a ningún compromiso, mientras que son menos las que se acogen al usufructo sistemático de los beneficios que puede reportar la institucionalización de la relación conyugal. Como novedad imprevista y significativa, hay que señalar la incidencia y el auge de los dispositivos de comunicación y de Internet en las relaciones sociales y sexuales, en cuanto nuevo cauce para la formación de parejas y la intercomunicación personal y familiar.

Las bodas civiles ganan terreno a las religiosas, que pasan del 80% en 1990, al 42% en 2010, el 20% en 2019. Pero la tasa de matrimonios celebrados, sea por lo religioso o por lo civil, ha ido descendiendo, en favor de la convivencia sin papeles (cfr. Centro de Investigaciones Sociológicas 2004). Se da un aumento constante de las denominadas parejas *de hecho*, no pocas veces inscritas –paradójicamente– como tales en el Registro de Parejas de Hecho municipal o de la comunidad autónoma. Estas parejas, frecuentemente con hijos, suelen estar reconocidas socialmente y constituir una familia que funciona con normalidad en la red de parentesco, por mucho que no esté formalizado el matrimonio jurídicamente y por mucho que las encuestas computen a sus hijos como bebés «nacidos fuera del matrimonio». En realidad, cumplen perfectamente con el contenido de la institución matrimonial verdadera, aunque les pueda faltar algún requisito legal. No obstante, las encuestas insisten en el aumento irrefrenable del número de hijos «extramatrimoniales»: eran el 4% en 1980, 10% en 1990, el 17% en 2000, el 35% en 2010 y el 48% en 2020. Pero, pese a la sociología al uso, esto no supone propiamente «maternidad fuera del matrimonio», sino una nueva modalidad de matrimonio verdadero, aunque no se hayan casado por la iglesia ni por el juzgado. De ahí que muchos de ellos, para garantizar sus derechos, opten por inscribirse en un registro, no menos oficial que el civil, aunque difiera el régimen jurídico, lo cual es en realidad otra forma de casarse. La inadaptación del Código Civil ha dado lugar a esta dualidad legal, tanto más ficticia cuanto se pretende que no haya ninguna discriminación entre las parejas «casadas» y las «de hecho». Ya en 2011, la convivencia sin papeles se había convertido en la opción dominante entre los jóvenes. Y la procreación sin boda aumentaba en las parejas menores de 35 años, que, además, ya no se concebían como pareja para toda la vida.

La ideología antimatrimonial y antifamiliar, presentada a menudo como una liberación, disimula mal el hecho del miedo o el rechazo al compromiso con la pareja, con los gastos de la boda o del posible divorcio ulterior, y a las implicaciones que la maternidad o la paternidad pueden traer, con su carga económica y emocional. Resultado de esa tendencia, encontramos una frecuencia en alza de tipos de familia incompleta o defectiva, el hogar monoparental, generalmente matrifocal, que se desliga –por planteamiento– del modelo formado por padre y madre e hijos: en torno al 15% de los niños vive en un hogar con un solo progenitor (mujer en casi nueve de cada diez casos). El hecho es que se ha detectado que el auge de las familias monoparentales comporta para sus niños y jóvenes una mayor incidencia de pobreza y desigualdad, aproximadamente el doble que en las familias con padre y madre. En fin, hay que mencionar que, de los aproximadamente siete millones de menores (de 0 a 17 años), poco más de dos mil habitan con parejas homosexuales (cfr. Instituto Infancia y Mundo Urbano 2006).

En último extremo, la familia prácticamente desaparece: en su lugar se da una «parafamilia» de un adulto que, sin mantener relación con ningunos parientes, adopta él solo, como si constituyera una especie de microorfanato. Por otro lado, crece la cantidad de personas que viven solas: son en torno al 20% de los hogares. Se trata, sobre todo, de personas mayores: en España, cerca del 15% de los mayores de 65 años viven solos (el doble de mujeres que de hombres), mientras que el 36% vive con sus hijos. En ocasiones, puede observarse un desplazamiento afectivo hacia animales domésticos, como si tener una mascota compensara más que un hijo, pues produce menos gasto, menos preocupaciones, y proporciona afecto seguro e inmediato.

Resulta imposible no conectar con este contexto el aumento, y no solo la visibilidad social, de la homosexualidad, en cuanto fórmula de satisfacción sexual radicalmente libre del imperativo marital y procreador. La subsiguiente legalización de las uniones homosexuales es consistente con la obtención de los mismos beneficios sociales históricamente concedidos al matrimonio y la familia en sentido propio. La separación entre sexo y matrimonio representa una característica muy extendida en nuestra sociedad, de modo que ha abierto la puerta a considerar con normalidad las relaciones sexuales prematrimoniales, extramatrimoniales y antimatrimoniales. Igualmente, la separación entre sexo y procreación, que conduce al matrimonio sin descendencia, por decisión propia, como forma de familia, o bien a la procreación sin matrimonio, en los bordes donde se difumina el espacio del parentesco.

Por otro lado, la importación masiva de inmigrantes en España, aunque la descripción pueda parecer descarnada, cumple una doble función: la de aportar una mano de obra a menor coste y la de compensar la caída en la tasa de reproducción. En 2005, había ya en España casi 1.600.000 extranjeros afiliados a la Seguridad Social, un 8,7% del total de los trabajadores. En 2021, superaban los 2.290.000 extranjeros afiliados, un 11,3% del total. En la actualidad, 2022, el número de inmigrantes con residencia legal en España asciende a 5.420.000. Y provienen de diversos países, por orden de importancia: Marruecos, Rumanía, Reino Unido, Colombia, Italia, Venezuela, China, Alemania, Francia, Honduras, Ecuador, Perú, Bulgaria, Portugal, Ucrania, Argentina, Rusia, Brasil, Cuba, Paraguay, Polonia, Pakistán, Senegal, etc. Un conjunto, dejando aparte los de la Unión Europea, presentan un índice de natalidad superior a la media nacional española. Se han importado familias más baratas, con hijos más baratos, seguramente con beneficio para ellos, pero como un gran negocio para determinadas empresas. De los bebés nacidos de extranjeras, el 40% son hijos de madre que no ha formalizado su matrimonio, y este porcentaje tiende a permanecer constante.

En definitiva, la transformación a la que se ha visto presionada la familia, si bien ha supuesto una mejora general de las condiciones materiales y de consumo, ha acarreado el pago de un precio: tener menos hijos, vivir casi sin hermanos, a veces semihuérfanos, confiados a la guardería, al televisor, al ordenador, al azar de una sociedad donde, a contrapelo del afán individualista que se les ha inculcado, les está resultando cada día más difícil emanciparse, irse de la casa paterna y fundar la propia familia. Al parecer, ni la innovación tecnológica, ni la inserción de la mujer en el mercado de trabajo, ni la importación de mano de obra inmigrante bastan para asegurar la productividad y la rentabilidad y, sobre todo, para detener la inflación real. El aumento del coste de la vida es implacable, de modo que cada día nos vemos obligados a pagar más a cambio de menos y resulta más difícil mantener el nivel de vida alcanzado. No es otra la causa profunda de las transformaciones del sistema de parentesco, sacrificado, primero, en aras del sistema de producción en el que no cuenta para nada y, después, en pro de un alto consumo individualizado, para el que tener familia estorba. Durante los últimos decenios, se ha experimentado también una gran transformación en la mentalidad religiosa de la población española: más del 65% de los que se consideran católicos no siguen la doctrina oficial de la Iglesia en lo referente a sexualidad, relaciones de pareja y reproducción. Parece obvio que los católicos han evolucionado adaptándose a los cambios, mientras que la jerarquía de la Iglesia parece no saber cómo ir más allá de los modelos tradicionales.

Como ya he sugerido, no debemos confundir el sistema de parentesco en su realidad antropológica con lo que estipula la regulación legal vigente en un momento determinado, por la misma razón por la que tampoco debemos confundir el reconocimiento *social* efectivo con el reconocimiento *jurídico* (aunque este pueda ser un aspecto importante de aquel). Así, por ejemplo, en el contexto español actual, no se considera matrimonio a las parejas de hecho, estén o no inscritas en un registro, cuando, desde un enfoque *etic* antropológico, constituyen plenamente una forma de matrimonio. Sin embargo, se considera legalmente «matrimonio» la unión entre personas del mismo sexo, que queda fuera del sistema de parentesco. El legislador ha forzado bajo la misma categoría jurídica realidades heterogéneas, si es que no incompatibles. La mentalidad dominante se ha plegado la ideología políticamente impuesta. Y la mayoría de la gente que dice que lo aprueban jamás se han detenido a pensar por un instante lo que significa el concepto de matrimonio, por lo que ni siquiera se les pasa por la imaginación que tal concepto no pueda aplicarse legítimamente a cualquier clase de unión o emparejamiento. Una vez más se confirma cómo el habitual enfoque *emic* distorsiona la percepción de la realidad social.

LA NEGACIÓN DE LA FAMILIA AMENAZA A LA HUMANIDAD

En todas las sociedades conocidas, el sistema de parentesco, mediante su lógica de intercambio, tiende desde siempre a un cierto equilibrio entre donantes y receptores, entre lo que uno da y lo que recibe a cambio. El ideal estriba en la reciprocidad, que refuerza la igualdad y la complementariedad en la práctica. Pero, cuando se da cada vez más para recibir menos, entonces tenemos un caso de inflación en los bienes y servicios que la familia presta. Es lo que está ocurriendo desde que el mercado y el Estado interfieren en las relaciones familiares y matrimoniales, y parece que tienden controlarles o sustituirlas. Si la familia tradicional dejó de ser rentable, si se hizo una rémora para el Estado autocrático, la potenciación de la familia en nuestros días podría ir por el mismo camino. Algunos pretenden que haya que obtenerlo todo en el mercado, o por la intermediación del Estado? Por lo pronto, parece que se difunde la lógica ventajista según la cual cada uno da lo menos posible y procura lograr cuanto más mejor. Como en la crisis de cualquier sistema, la crisis del parentesco puede amplificar las fluctuaciones, de modo que la producción de formas desviantes o autolíticas alejen cada vez más al sistema del mínimo equilibrio necesario, hasta precipitarlo al borde de su desintegración. Las inestabilidades locales del parentesco, agudizadas por comportamientos anómalos y anómicos, por el asedio sistemático del pansexualismo y las intromisiones de un Estado manipulador, si no se detienen a tiempo las formas positivamente peligrosas para la sociedad, podrían desencadenarse consecuencias destructivas para el sistema entero, con perjuicios irreversibles para toda la sociedad, para la humanidad.

Sin embargo, el hecho es que hay quien imagina una vida social sin organización familiar (Kathleen Gough 1973). Y tampoco faltan quienes, a la zaga de utopismos comunistas como los enunciados por Engels (1884), abogan por la eliminación de la familia y el parentesco, movidos ahora por un sedicente progresismo de aires posmodernos, notoriamente necio y despreocupado por los efectos reales que seguirán. Otros se inventan una tipología de «familias» sin criterio ni fundamento antropológico alguno, obligando a no pocos hogares a vivir en un simulacro amparado por la ley. Porque, en realidad, carece absolutamente de sentido la pretensión de que cualquier grupo doméstico es una «familia», y que cualquier pareja que convive es un «matrimonio». No hace falta ser matrimonio o familia para vivir juntos, ni solo por vivir juntos se forma un matrimonio o una familia.

El parentesco no lo es todo en la sociedad, sobre todo desde que esta evolucionó más allá del nivel de organización característico de las sociedades tribales. Existen otros principios de asociación en la sociedad civil, del mismo modo que existen otros principios de organización política allende el parentesco. ¿No sería preferible respetar el parentesco, la familia y el matrimonio en su espacio y su especificidad, en lugar de presionar hacia una *desnaturalización*, o una *estatalización*, que atentan contra ese universal bio-cultural milenario? ¿O es que da igual producir hijos en una familia tradicional, en la red del parentesco, que fabricar expresamente huérfanos en una sociedad desestructurada y manejada por una burocracia dictatorial? Esto no significa que se deslegitimen otros modos de convivencia, o que se les deba privar de protección legal.

Por otro lado, todavía quedan los apóstoles de la tecnificación biomédica del organismo humano, que nos prometen «hacer niños a la carta» y que parecen pregonar un *mundo feliz*, lejos de lo que juzgan apego enfermizo a la tradición. Nos quieren llevar a una humanidad que domine las claves de la reproducción. Y una vez que se tengan todas las claves, se harán niños a la carta. Los podrá haber sin padre y quizá también sin madre. O hijos de un grupo. O clónicos generación tras generación, a partir de gametos del abuelo o la abuela. Para algunos, esto se presenta como el mayor logro de la tecnología moderna aplicada a la reproducción. ¿De verdad? Lo que se anuncia, más bien, es la disolución de los lazos familiares y, finalmente, la abolición de la familia, con una sociedad sumida en un caos de parentesco y en la orfandad generalizada. En otras palabras, se propone un futuro *poshumano*. La procreación se separa de la autonomía personal y el Estado, y en parte el mercado, que se habrán adueñado de la especie, fabricará bebés por encargo de aquellos que desean encargarse de gestionar la crianza. O posiblemente esto sea todavía reminiscencia del modelo tradicional, que habrá que superar con la fórmula mediante la que el interesado invierta en bolsa en el sistema de inclusas públicas para la crianza de humanos homologables, a cambio de ciertas ventajas fiscales y emocionales, mientras que el Estado incluye en sus presupuestos una partida destinada a financiar el suministro del contingente demográfico necesario. Nos remitimos aquí a los análisis desarrollados en el primer capítulo de este libro.

Si la principal razón de ser del parentesco en la historia de la humanidad ha sido, siempre, organizar y garantizar la convivencia y el modo de reproducción, hoy, en un mundo en parte envejecido, en conjunto superpoblado, donde se ha creado una burbuja demográfica global, lo más razonable y urgente es una transformación de las estructuras familiares en el sentido de que los progenitores asuman la responsabilidad de engendrar, y engendrar solo los hijos que puedan criar y educar dignamente. Parece sensato que esta, y no otra, debería ser la estrategia que deberían respaldar unas organizaciones políticas responsables, unos medios de comunicación decentes y unas instituciones religiosas coherentes, en este mundo sobrecogido con sus ocho mil millones de personas humanas. De lo contrario, podría suceder no ya que se destruya la familia o se arruine el parentesco, sino que la misma especie humana se arriesgue a desplomarse en una catástrofe fatalmente inducida por el necio utopismo de la revolución sexual de unos, la ceguera en el éxito reproductivo de otros, la estulticia generalizada y el maquiavelismo suicida en el ejercicio del poder, el tener y el saber, mientras afrontamos una creciente incertidumbre.

BIBLIOGRAFÍA

ALÍAS, Marina
2022 «La profesora boicoteada en la UAB: 'Ahora da más miedo que te digan tráns-
foba que fascista'», *Vozpópuli*, 20 marzo 2022.
https://www.vozpopuli.com/espana/profesora-uab-boicot.html

BARRY, Laurent
2008a *La parenté*. París, Gallimard.
2008b «Les limites d'une grande idée», *Le Courrier de l'Unesco. Sciences Humaines*. Hors
série special n° 8. *Comprendre Claude Lévi-Strauss*: 17-18.

BENEGAS, Javier
2020 *La ideología invisible. Claves del nuevo totalitarismo que infecta a las socie-dades occidentales*. Madrid, Disidentia.

BLOOM, Steve
1999 *Dedicado a los primates*. Barcelona, Equipo de Edición, 1999.

BONTE, Pierre (y Michel Izard) (coord)
1991 *Diccionario de etnología y antropología*. Madrid, Akal, 1996. Entradas: «alianza», «asociación», «casa», «casta», «clan», «familia», «feministas», «filiación», «grupo de
descendencia», «grupo doméstico», «incesto», «intercambio», «linaje», «matriarcado», «matrimonio», «organización dualista», «parentesco», «residencia», «sexos».

BUENO, Gustavo
2006 *Zapatero y el pensamiento Alicia. Un presidente en el país de las maravillas*. Madrid, Temas de Hoy.
2013 *Feminismo, género y posmodernidad*. Conferencia grabada en vídeo. Fundación Gustavo Bueno.
https://www.youtube.com/watch?v=IJNZvDT0HQM

CENTRO DE INVESTIGACIONES SOCIOLÓGICAS (CIS)
2004 *Opiniones y actitudes de la familia*. Madrid, CIS.

COONTZ, Stephanie
2005 *Historia del matrimonio. Cómo el amor conquistó el mundo*. Barcelona, Gedisa, 2006.
COOPER, David
1971 *La muerte de la familia*. Barcelona, Ariel, 1978.

CORONADO, Nuria
2022 «Las universidades públicas se entregan al generismo y a cancelar a las feministas que lo denuncian», *La Hora Digital*, 22 enero 2022.
https://www.lahoradigital.com/noticia/34079/igualdad/las-universidades-publicas-se-entregan-al-generismo-y-a-cancelar-a-las-feministas-que-lo-denuncian.aspx

CUISENIER, Jean
1974 «El estructuralismo», en *La filosofía*. Bilbao, Mensajero.

DÉSVEAUX, Emmanuel
2008a *Au-delà du structuralisme. Six méditations sur Claude Lévi-Strauss*. París, Editions Complexe.
2008b «Les Mythologiques, monument inachevé» (entretien), *Le Courrier de l'Unesco. Sciences Humaines*. Hors série special n° 8. *Comprendre Claude Lévi-Strauss*: 14-15.

DUMONT, Louis
1970 *Introducción a dos teorías de la antropología social*. Barcelona, Anagrama, 1975.

ENGELS, Friedrich
1884 *El origen de la familia, la propiedad privada y el Estado*. Madrid, Alianza, 2013.

ERRASTI, José (y Marino Pérez Álvarez)
2022 *Nadie nace en un cuerpo equivocado. Éxito y miseria de la identidad de género*. Bilbao, Deusto.

FOX, Robin
1967 *Sistemas de parentesco y matrimonio*. Madrid, Alianza, 1972.

GAMELLA, Juan F. (y Elisa Martín Carrasco-Muñoz)
2008 «'Vente conmigo, primita'. El matrimonio entre primos hermanos en los gitanos andaluces», *Gazeta de Antropología*, n° 24 (2), artículo 33.
https://www.gazeta-antropologia.es/?p=2165

GELL-MANN, Murray
1994 *El quark y el jaguar. Aventuras en lo simple y lo complejo*. Barcelona, Tusquets, 1995.

Giojelli, Caterina
2022 «¿Profesora y feminista? Objetivo a batir para la intolerancia trans: los casos de acoso se suceden.» Las universidades encabezan la censura…
https://www.religionenlibertad.com/polemicas/819152136/profesora-feminista-objetivo-intolerancia-trans-casos.html

Gómez García, Pedro
1981 *La antropología estructural de Claude Lévi-Strauss. Ciencia, filosofía, ideología.* Madrid, Tecnos.
2008 «Familia y matrimonio solo existen en la red del parentesco (antropológicamente hablando)», *Gazeta de Antropología*, nº 24 (1), artículo 3.
2012 «Los confines del sistema de parentesco y su evolución histórica», *Gazeta de Antropología*, nº 28 (1), artículo 8.
2013 «El parentesco como sistema en la interfaz bio-cultural», en Esteban Ruiz Ballesteros y José Luis Solana Ruiz (ed.), *Complejidad y ciencias sociales*. Sevilla, Universidad Internacional de Andalucía, 2013: 195-230.

González Echevarría, Aurora
1994 *Teorías del parentesco. Nuevas aproximaciones.* Madrid. Eudema.

Goody, Jack
1975 «Grupos de filiación», en L. Dumont, *Introducción a dos teorías de la antropología social.* Barcelona, Anagrama, 1975: 210-223.
1983 *La evolución de la familia y del matrimonio en Europa.* Barcelona, Herder, 1986.
2000 *La familia europea.* Madrid, Crítica, 2001.

Gough, Kathleen
1959 «Los Nayar y la definición de matrimonio», en *Polémica sobre el origen y universalidad de la familia.* Barcelona, Anagrama, 1974: 74-111.
1973 «El origen de la familia», en *Polémica sobre el origen y universalidad de la familia.* Barcelona, Anagrama, 1974: 112-154.

Harris, Marvin
1981 *La cultura norteamericana contemporánea. Una visión antropológica.* Madrid, Alianza Editorial, 1984.
1988 *Introducción a la antropología general. Madrid,* Alianza, 1998.

Harris, Marvin (y Eric B. Ross)
1987 *Muerte, sexo y fecundidad. La regulación demográfica en las sociedades preindustriales y en desarrollo.* Madrid, Alianza Editorial, 1991.

Hauser, Marc D.
2000 *Mentes salvajes. ¿Qué piensan los animales?* Barcelona, Granica, 2002.

HERITIER, Françoise
1996 *Masculino / femenino. El pensamiento de la diferencia.* Barcelona, Ariel, 1996.
2008 «Porquoi je suis structuraliste» (entretien), *Le Courrier de l'Unesco. Sciences Humaines.* Hors série special n° 8. *Comprendre Claude Lévi-Strauss*: 82-85.

INSTITUTO INFANCIA Y MUNDO URBANO
2006 *La infancia en cifras.* Madrid, CIIMU.

JIMÉNEZ LOSANTOS, Federico
2020 *La vuelta del comunismo.* Madrid, Espasa.

LÉVI-STRAUSS, Claude
1949 *Las estructuras elementales del parentesco.* Buenos Aires, Paidós, 1969.
1956 «La familia», en *Polémica sobre el origen y universalidad de la familia.* Barcelona, Anagrama, 1974: 7-49.
1958 *Antropología estructural.* Buenos Aires, Eudeba, 1968.
1966 *El futuro de los estudios de parentesco.* Barcelona, Cuadernos Anagrama, 1973: 49-88.
1970 *El oso y el barbero.* Barcelona, Cuadernos Anagrama.
1973 *Antropología estructural. Mito, sociedad, humanidades.* México, Siglo XXI, 1979.
1974 «Le discours du récipiendaire (à l'Academie Française)», *Le Monde*, París, 28 junio.
1983 *La mirada distante.* Barcelona, Argos Vergara, 1984.
1984 *Palabra dada.* Madrid, Espasa Calpe, 1984.
1988 *De cerca y de lejos.* Madrid, Alianza, 1990.

LORA, Pablo de
2021 *El laberinto del género. Sexo, identidad y feminismo.* Madrid, Alianza Editorial.

MAIR, Lucy
1971 *Matrimonio.* Barcelona, Barral, 1974.

MAYBURY-LEWIS, David H. P.
1975 «Sistemas matrimoniales prescriptivos», en Louis Dumont, *Introducción a dos teorías de la antropología social.* Barcelona, Anagrama, 1975: 255-278.

MEILLASSOUX, Claude
1975 *Mujeres, graneros y capitales.* México, Siglo XXI, 1977.

MEOTTI, Giulio
2013 «Il '68 dei pedofili», *Il Foglio Quotidiano*, 7 septiembre, XVIII, n° 211: III. https://www.ardire.org/2021/08/04/il-68-dei-pedofili-loscuro-legame-fra-pedofilia-e-sinistra-progressista/

MERLEAU-PONTY, Maurice
1964 *Lo visible y lo invisible*. Barcelona, Seix Barral, 1970.

MIYARES, Alicia
2022 *Delirio y misoginia trans. Del sujeto transgénero al transhumanismo*. Madrid, Los Libros de la Catarata.

MORIN, Edgar
1986 *El método, 3. El conocimiento del conocimiento*. Madrid, Cátedra, 1988.

MOSTERÍN, Jesús
2006 *La naturaleza humana*. Madrid, Editorial Espasa Calpe.

MURDOCK, George Peter
1949 *Social structure*. Nueva York, Macmillan.
1957 «Muestra etnográfica mundial», en J. R. Llobera (ed.), *La antropología como ciencia*. Barcelona. Anagrama, 1975: 203-230.

NEGRO, Dalmacio
2007 *Lo que Europa debe al cristianismo*. Madrid, Unión Editorial, 2013.

PATEMAN, Carole
1988 *El contrato sexual*. Madrid, Ménades Editorial, 2019.

PRIGOGINE, Ilya
1983 *¿Tan solo una ilusión? Una exploración del caos al orden*. Barcelona, Tusquets, 1997.

RADCLIFFE-BROWN, Alfred R.
1952 *Estructura y función en la sociedad primitiva*. Barcelona. Península, 1996.

RADCLIFFE-BROWN, Alfred R. (y Daryll Forde) (ed.)
1950 *Sistemas africanos de parentesco y matrimonio*. Barcelona, Anagrama, 1982.

RATZINGER, Joseph
2004 «La legalización del matrimonio homosexual en España es destructiva», *El País*, 20 noviembre 2004.
https://elpais.com/diario/2004/11/20/sociedad/1100905207_850215.html

RIVERS, William H.
1975 «El método genealógico de investigación antropológica», en José R. Llobera (ed.), *La antropología como ciencia*, Barcelona, Anagrama: 85-97.

ROGERS, Carl R.
 1972 *El matrimonio y sus alternativas*. Barcelona, Kairós, 1976.

SCHNEIDER, David Murray
 1984 *A critique of the study of kinship*. Ann Arbor, Michigan University Press.

SCHNEIDER, Michel
 2007 *La confusion des sexes*. París, Flammarion.
 2022 «El progre que se opuso al 'matrimonio' gay», entrevista en *El Debate*, 18 agosto
    2022.
       https://www.eldebate.com/obituarios/20220818/michel-schneider_54916.html

SEGALEN, Martine
 1981 *Antropología histórica de la familia*. Madrid, Taurus, 1992.

SPIRO, Melford E.
 1959 «¿Es universal la familia?», en *Polémica sobre el origen y universalidad de la familia*.
    Barcelona, Anagrama, 1974: 50-73.

TYLOR, Edward B. (y otros)
 2000 *El parentesco. Textos fundamentales*. Selección preparada por Federico Bossert y
    otros. Barcelona, Dédalo.

WAAL, Frans de
 2022 *Diferentes. Lo que los primates nos enseñan sobre el género*. Barcelona, Tusquets Edito-
    res, 2022. Reseña en:
       https://www.larazon.es/cultura/20220911/b3tpsptw7bem5deui6o3zrqomq.html

WILSON, Edward O.
 1998 *Consilience. La unidad del conocimiento*. Barcelona, Galaxia Gutenberg, 1999.
 2012 *La conquista social de la Tierra*. Barcelona, Debate, 2012.

abuelo 88-89, 109, 111, 118, 135.
afinidad 27, 68, 88, 90, 91, 93, 97, 100, 111-112, 118.
alianza 27-29, 44, 56, 62, 65, 68, 79, 85, 86, 88-93, 96, 100-101, 103, 104-106, 112, 118, 126.
Alías, Marina 39.
alimentación 27, 100, 111, 116, 128.
androcentrismo 22.
antinatalismo 45, 129.
articulación bio-cultural 18, 43, 61, 81-89, 135.
ascendencia 29, 90, 93, 94, 104, 109, 110.
átomo de parentesco 55, 76, 79.
avúnculo 76-79, 94, 96, 108, 109.

Bachofen, Johann Jakob 98.
Barry, Laurent 83, 100-102, 126.
Benegas, Javier 48.
Bertholet, Denis 85.
binario 20, 27, 33, 36.
biología 21, 41, 87, 88, 97.
Bloom, Steve 117.
Bueno, Gustavo 31.
burocracia 47, 48, 51, 135.

cisgénero 27, 33, 39.

comportamiento sexual 17, 20, 36, 42, 43, 49, 52.
consanguinidad 27-28, 56, 60, 65, 69, 75, 79, 87-91, 92, 93-95, 97, 98, 100, 103, 109-111, 118, 123.
corrupción 37, 41, 49.
crianza 27, 32, 41, 45, 87, 92, 96, 105, 106, 111, 112, 117, 120, 123, 128, 129, 135, 136.
Cuisenier, Jean 70.
cultura 19, 21, 36, 41, 44, 52, 58-61, 63-65, 85-87, 97-98, 117, 123.

Dawkins, Richard 94.
derechos 19, 21, 22, 24, 25, 26, 29, 36, 46, 50, 63, 75, 77, 80, 88, 92, 96, 97, 98, 100, 104, 105, 107, 114, 123, 127, 128, 130, 131.
demolición de la familia 41, 43, 134.
Désaveaux, Emmanuel 94.
descendencia 29, 79, 90-91, 93, 94, 95, 100, 102-103, 104, 106, 107, 109-112, 115, 118-120, 123, 126, 132.
determinismo genético 25.
dimorfismo sexual 17, 87, 96, 97, 112.
diversidad 17, 33, 45, 48, 85-86.

divorcio 106, 107, 119, 128, 130, 131.
Durkheim, Émile 60, 98.

educación 45, 50, 96, 100, 107, 111, 120, 123, 129.
Ellis, Havelock 60, 98.
endogamia 18, 66-67, 74, 99, 102.
Engels, Friedrich 84, 134.
Errasti, José 42.
Estado 18, 31, 32, 46, 47-48, 50-53, 84, 134, 135-136.
Estado totalitario 46.
estatuto jurídico 29.
estructuras del parentesco 15, 18, 20, 41, 45-46, 52, 55, 113.
estructuras elementales 55, 67, 69, 74-75, 79, 83.
ética 23, 39, 41, 46, 47, 53.
evolución cultural 42, 52.
evolución de la familia 123.
éxito reproductivo 136.
exogamia 18, 19, 28, 63, 66-67, 71, 78, 90, 95, 96, 99, 100-101, 126.

familia anómala 32, 42, 114.
familia conyugal 57, 58, 59, 68, 76, 104.
familia doméstica 58, 59.
familia en España 123.
familia extensa 121, 128.
familia monoparental 33, 96, 104, 131.
familia nuclear 105, 121, 128.
familia tradicional 23, 31, 44, 86, 127-128, 134, 135.
feminidad 14, 17, 20, 23, 40, 42, 43, 44, 105, 120.

feminismo 21-22, 23, 34, 35, 37, 41, 44, 47, 48, 52.
filiación 32, 68, 69, 79, 87, 90, 92, 94, 96, 97, 98, 99, 100, 104, 105, 108, 109-112, 123, 127.
filiación matrilineal 68, 69, 77-78, 96, 98.
filiación patrilineal 68, 69, 77-78, 96.
Foucault, Michel 34.
Frente Pansexualista 35, 44.
Freud, Sigmund 43.
fronteras del parentesco 113, 121.

Gamella, Juan 101.
Gell-Mann, Murray 81.
genealogía 42, 109, 110.
generación 37, 72, 73,76, 89, 91, 94, 95, 102, 109-111, 116, 119, 124, 135.
género 20-23, 27, 33, 34-37, 39-45, 47-53.
genes 25, 27, 44, 48, 86-87, 88, 89-92, 94, 95, 102, 107, 111, 112, 116, 118-119, 123.
genoma 42, 51, 53.
genotipo 87, 89, 91, 109-111.
Giojelli, Caterina 39.
Gough, Kathleen 84, 134.
grupo residencial 108.

Harris, Marvin 26, 30, 99, 108, 122.
herencia 87, 89, 91, 92, 96, 102, 109, 110, 112.
Heritier, Françoise 94, 97, 103.
hermafroditismo 17, 20.
hermano 68, 76-79, 88, 89, 90, 93-94, 109, 118, 123, 127, 132.

hermano de la madre 68, 69, 72, 94, 127.

hermano del padre 68, 69, 101, 125, 126, 127.

historia 25, 40, 42, 45, 53, 64, 74, 85, 86, 112, 118, 125, 136.

homosexualismo 21, 23-28, 34, 35, 47, 50, 52.

humanidad 33, 52, 53, 59, 76, 81, 85, 88, 118, 134, 135.

identidad de género 20, 36, 37, 39.

identidad sexual 21, 36, 43, 44.

ideología de género 23, 32, 45, 49.

igualdad 21, 22, 38, 47, 48, 52, 75, 134.

imitación 38, 121.

incertidumbre 45, 46, 136.

individuo 17, 18, 20, 21, 29, 36, 40, 42, 43, 47, 50, 51, 52, 56, 63, 75, 88, 89, 90, 92, 100, 106, 109, 111, 112, 113, 116, 118, 120.

ingeniería social 31, 38, 47, 49, 53.

intercambio 18, 62-67, 70, 71, 72, 74, 76-77, 84, 85, 91, 96, 98, 100-101, 102-103, 112, 134.

intercambio generalizado 18, 69, 71-72, 73, 74, 101, 124.

intercambio genético 92, 105.

intercambio matrimonial 28, 62, 68, 73, 92, 102.

intercambio restringido 69, 70, 71, 73, 101, 124.

internacional LGBT 27, 33, 43, 47.

Jiménez Losantos, Federico 38.

legitimación 26, 37, 41, 47, 96, 106, 123, 133.

Lévi-Strauss, Claude 18, 19, 55, 56, 57, 58, 59, 60, 61, 62, 63, 64, 65, 66, 67, 68, 69, 70, 71, 73, 74, 75, 76, 77, 78, 79, 83, 85, 87, 91, 94, 98, 99.

léxico o lenguaje sexualista 24, 33, 34, 47, 48, 49, 50, 51, 116.

libertad 21, 22, 36, 38, 47, 49, 50, 51, 52, 53, 75, 129.

linaje 93, 94, 95, 96, 100, 101, 102, 104, 105, 110, 111, 126.

Lubbock, John 60, 98.

lucha feminista 21-22, 24, 40, 47, 52.

lucha sexualista 21, 40, 47.

madre 19, 32, 44, 48, 50, 57, 59, 61, 68, 70, 76, 78, 88, 93, 99, 104, 109, 114, 115, 116, 117, 118, 128, 131, 132, 135.

Maine, Henry 60, 98.

marido 58, 59, 68, 76-77, 94, 100, 118, 123, 127, 128.

masculinidad 17, 20, 23, 32, 40, 42, 43-44, 78, 94, 105.

maternidad 104, 106, 112, 130, 131.

matrimonio 19, 23, 27, 28, 29, 30, 31, 34, 41, 42, 44, 48, 49, 58-59, 62, 66, 67-69, 71, 85, 88-91, 92, 93-95, 96, 98, 100-103, 104-106, 107, 110, 111, 112, 113-115, 118, 119, 120-121, 122, 123, 124, 128-130, 132, 133, 135.

matrimonio árabe 125-127.

matrimonio bilateral 69, 70.

matrimonio complejo 74-80.

matrimonio homosexual 23-28, 30-33, 42, 44, 46, 50, 122.

matrimonio matrilateral 69, 72.

matrimonio patrilateral 69, 71-72, 73.

matrimonio preferencial 18.

Mayo del 68 37, 50.

McLennan, John Ferguson 60, 98.

Meotti, Giulio 37.

Mercado Rodríguez, Sandra 39.

mitología de género 33, 39, 121.

Miyares, Alicia 53.

monogamia 18, 27, 52, 57, 58, 67, 96, 106, 117, 121, 124.

moral cristiana 26, 31, 46, 52, 86.

Morgan, Lewis Henry 60, 98.

Morin, Edgar 82.

Mosterín, Jesús 27.

movimiento feminista 21-22, 23, 34, 35, 37, 41, 44, 47, 48, 52.

movimiento gay 21, 23-28, 34, 35, 47, 50, 52.

movimiento LGBT 21, 23, 24-29, 33-36, 41, 43, 47.

movimiento *queer* 33, 34, 36-38.

mujer 21-23, 30, 34, 35, 39, 44, 46, 56-57, 61-62, 64-65, 66, 67-69, 71-72, 75, 76-77, 79, 98, 101, 103, 106, 122, 123, 126, 127-129, 130, 131.

Murdock, George P. 83.

naturaleza 17, 19, 21, 27, 33, 36, 40, 42, 44, 45, 47, 53, 58, 59, 60, 61, 63, 65, 85, 87, 88, 92, 97-98, 105, 107, 115.

naturaleza biológica 17, 19, 33, 36, 47.

Negro, Dalmacio 31.

niño 32, 37, 41, 42, 44, 45, 47, 48, 50, 68, 99, 100, 104, 114, 129, 131, 135.

nomenclatura 18, 19, 30, 36, 57, 88, 89, 103, 122.

orfandad 32, 45, 48, 114, 115, 132, 135.

organización social 20, 41, 47, 51, 52, 79, 99, 107.

orientación erótica 20, 24, 25, 33.

padre 19, 29, 44, 45, 48, 50, 57, 58, 68, 70, 76-78, 88, 89, 90, 93, 94, 100, 101, 102, 104-105, 111, 114, 115, 117, 118, 123, 127-128, 131, 135.

pansexualismo 37-41, 42-43, 44, 47, 49, 50, 51-53.

pareja 26-32, 34, 44, 58, 70, 79, 98-99, 100, 105, 106, 107, 110, 114, 115, 117, 120, 121, 122, 130-131, 133, 135.

parentesco 17, 18-21, 26-29, 32, 36, 41-46, 48, 51-52, 55-57, 60, 62, 64-65, 68-69, 72, 74-79, 81-112, 113, 115-116, 118-122, 123-125, 127-128, 130, 132-136.

parentesco genético 116.

pariente 18, 58-59, 65, 89, 90-92, 93-94, 96, 98, 99, 100, 102-103, 108-111, 115, 118-119, 123, 131.

Pateman, Carole 48.

paternidad 102, 106, 107, 112, 131.

patriarcado 22, 33, 39, 46, 48, 59.

pedofilia 37, 47, 50.

poliandria 58.

poligamia 18, 46, 58, 67, 106, 121, 126.
poliginia 58, 126-127.
poshumanismo 53, 135.
posmodernismo 23, 47, 48, 49, 52, 134.
Prigogine, Ilya 82.
primo cruzado 68, 69, 70, 72, 109.
primo paralelo 69, 89, 109, 126.
procreación 27, 28, 29, 32, 42, 44, 46, 59, 88, 105, 106, 107, 123, 128, 131, 132, 135.
progenitor 42, 44, 45, 47, 50, 68, 79, 95, 102, 104, 106, 109, 110, 111, 112, 114, 116, 119, 136.
progresismo 30, 37, 41, 43, 46-49, 134.
prohibición del incesto 18, 19, 59-63, 64-66, 67, 70, 74, 75, 78, 95, 96, 97, 98-99, 101, 103, 109.
promiscuidad 37, 58, 98.
proximidad genética 69, 86, 89-90, 97, 109, 115.
puritanismo 24, 51.

Ratzinger, Joseph 31.
reciprocidad 62, 63-67, 69, 70-75, 76-77, 134.
reglas 17-19, 28, 30, 49, 58, 60-61, 64-66, 70, 84-86, 89, 92, 95, 96, 97, 100, 103, 105, 112, 122, 123.
relaciones sexuales 28, 41, 42, 48, 50, 59, 97, 98, 105, 120, 132.
relaciones sociales 20, 38, 44, 45, 87, 88, 92, 95, 99, 130.
relativismo 31, 37, 40, 41, 42, 43, 47, 49, 52, 53.
religión 22, 24, 39-40, 46, 52, 53, 85, 107, 114, 130, 133, 136.

reproducción 27, 30, 32, 48, 51, 87, 88, 89, 92, 93, 95, 96, 97, 100, 104-108, 115-117, 119, 120, 122, 124, 129, 132, 133, 135, 136.
residencia 44, 68, 69, 96, 107-108, 112, 113, 120, 124, 126, 132.
responsabilidad 31, 39, 40, 49, 51, 52, 136.
revolución sexual 37, 44, 136.

Schneider, David M. 94, 97.
Schneider, Michel 31.
sexo biológico 20, 36.
simulacro 29, 32, 113, 120, 121, 122, 135.
sistema complejo 81, 84, 87.
sistema de parentesco 17, 18-20, 21, 26, 28, 29, 32, 41, 42, 44-46, 48, 52, 56, 57, 62, 79, 81-86, 87-89, 92, 93-103, 104-112, 113-122, 124, 127, 133, 134.
sociedad 17, 18, 19, 21, 25, 26, 31, 32-33, 35, 38, 29, 40-44, 46, 48-52, 55-56, 58-59, 60-62, 66-67, 71, 73, 75-76, 78-79, 81, 83-87, 89, 90, 92, 97-99, 100-107, 112, 114, 116, 117, 119, 121, 123-125, 126, 127, 129, 132, 134-135.
sociedad civil 135.
Spiro, Melford E. 84.

totalitarismo 46, 48, 51, 52, 53.
transfobia 33, 39.
transgénero 20, 21, 24, 27, 33, 51, 52, 53.
transhumanismo 53.

universalidad de la familia 57, 58,
  59, 62, 68, 74, 83, 84, 85, 93, 95,
  96, 104, 105, 106, 108, 135.
utopismo 37, 40, 44, 45, 51, 134,
  136.

violencia de género 22, 23, 50.

Waal, Frans de 35.
Westermarck, Edvard 60, 98, 99.
Wilson, Edward O. 25, 94, 99.

ÍNDICE GENERAL

OBERTURA 9

CAPÍTULO 1. EL AUGE DEL PANSEXUALISMO 17
El dimorfismo sexual está determinado genéticamente 17
El fundamento bio-cultural del sistema de parentesco 18
El movimiento feminista abandera la lucha de sexos 21
El movimiento gay obtiene el matrimonio homosexual 23
La internacional LGBT evoluciona hacia el pansexualismo 33
El relativismo moral lleva a la demolición de la familia 41
El progresismo pansexual marcha hacia el Estado totalitario 46

CAPÍTULO 2. LAS ESTRUCTURAS DEL PARENTESCO 55
La estructura y la función de los sistemas de parentesco 55
La familia en sentido estricto 57
La prohibición del incesto como clave del sistema 59
El intercambio, fundado en un principio de reciprocidad 62
El matrimonio y sus estructuras elementales 67
El intercambio restringido y el intercambio generalizado 73
La transición hacia estructuras complejas 74
El átomo de parentesco es ya complejo 76

CAPÍTULO 3. LA ARTICULACIÓN BIO-CULTURAL 81
El sistema de parentesco como sistema complejo 81
La hipótesis sobre la complejidad de la organización familiar ... 83
La articulación bio-cultural y la inserción psicoindividual 85
Los parámetros universales del sistema de parentesco 93
La alianza matrimonial como núcleo del sistema 104
El parentesco es clave para sobrevivir y vivir humanamente 112

CAPÍTULO 4. LA FAMILIA Y SUS SIMULACROS.. 113
   Las fronteras del sistema de parentesco.. 113
   No existe parentesco propiamente dicho en la naturaleza........ 115
   La formación, movilidad y disolución del parentesco vivido 118
   La simulación de parentesco al exterior del sistema.................... 120
   La evolución de la familia como adaptación al cambio social ... 123
   La negación de la familia amenaza a la humanidad.................... 134

BIBLIOGRAFÍA.. 137

ÍNDICE ANALÍTICO.. 143
ÍNDICE GENERAL 149

Este libro
se terminó de maquetar
el día 5 de enero de 2023
en Granada.